Marco Thomas, Michael Weigend (Hrsg.)

Informatik und Natur

6. Münsteraner Workshop zur Schulinformatik
9. Mai 2014 an der
Westfälischen Wilhelms-Universität Münster

Arbeitsbereich Didaktik der Informatik

Informatik und Natur

6. Münsteraner Workshop zur Schulinformatik
9. Mai 2014 an der Westfälischen Wilhelms-Universität Münster

Herausgeber:
Prof. Dr. Marco Thomas, Dr. Michael Weigend
Westfälische Wilhelms-Universität Münster
Fachbereich Mathematik und Informatik
Institut für Didaktik der Mathematik und der Informatik
Fliednerstraße 21
48149 Münster
E-Mail: DDI@uni-muenster.de

Herstellung und Verlag: BoD - Books on Demand, Norderstedt
ISBN 978-3-735-72042-9

Vorwort

Informatik und Natur. Eine lange Beziehung. Praktisch seit den Anfängern der Informatik benutzen Naturwissenschaftler Computer zum Modellieren, Simulieren, und zum Erfassen und Verarbeiten von Messwerten. Computerbasierte Modelle von Ausschnitten der Welt sind Gegenstand der Grundlagenforschung und der angewandten Forschung. Die Modellierung von raum- und zeitbezogenen Prozessen mit informatischen Methoden ist Gegenstand der Geoinformatik. Thomas Bartoschek (Institut für Geoinformatik, Universität Münster) stellt in der Keynote das Forschungs- und Schülerlabor GI@School – Geoinformation in der Schule – vor. Teams aus Physikern und Informatikern entwickeln am Deutschen Zentrum für Luft und Raumfahrt (DLR) komplexe Programme, die gefährliche Flugmanöver von Verkehrsmaschinen und Raumschiffen Raumschiffs simulieren. Das DLR ist nicht nur eines der größten Softwarehäuser Deutschlands, sondern es unterhält auch an verschiedenen Standorten Experimentallabore, die von Schulklassen besucht werden. Jugendliche können hier unter Anleitung Versuche machen, die in der Regel fachübergreifend sind. Sylvia Rückheim leitet das Schoollab an der TU Dortmund und stellt Aktivitäten vor, deren Schwerpunkt auf der Informatik liegt. Informatik in Kombination mit Mathematik und Naturwissenschaften (MINT) ist ein Wissensgebiet, das in unserer modernen Technologie-Gesellschaft einen hohen Stellenwert hat. Raphaela Meißner und Klaus Trimborn (Innovationszentrum Schule-Technik in Bochum) geben einen Überblick über Möglichkeiten der Förderung des MINT-Unterrichts durch außerschulische Partner und das ZdI-Netzwerk. Mit dem Verhältnis von Informatik und Naturwissenschaftensetzt sich Dieter Engbring auseinander. Dorothee Müller illustriert wie die Informatik zur Erklärung von Phänomenen beitragen kann. Michael Weigend skizziert Projekte, bei denen mit dem Raspberry Pi Messdaten gesammelt und verarbeitet werden. Im naturwissenschaftlichen Unterricht kommen immer mehr Computer zum Einsatz. Aber die Frage ist, was eigentlich – über die Computerbedienung hinaus – das informatische Denken ausmacht. Nataša Grgurina gibt einen Einblick, welche Rolle das „computational thinking" im niederländischen Schulunterricht spielt. Im Schulalltag ist Informatik nicht nur Partner sondern auch Konkurrent der naturwissenschaftlichen Fächer. Was interessiert Schüler an der Informatik? Einige Antworten liefern erste Ergebnisse einer umfangreichen Studie zur Wahl des Faches Informatik in Sekundarstufe I von Marco Thomas und Angélica Yomayuza. Ein Reiz des Informatikunterrichts könnte sein, dass Hands-on-Lernen leichter als in den klassischen Naturwissenschaften gefahrlos selbst organisiert werden kann. Der Beitrag von Lin Xu widmet sich dieser Thematik. Eine weitere Besonderheit des Informatikunterrichts ist die Produktorientierung. Andreas Pfeiffer und Marco Thomas beschreiben ein Unterrichtsvorhaben, bei dem ein Bilderbuch mit HTML 5 entwickelt wird.

Wir danken allen Autoren für Ihre Beiträge und wünschen einen angenehmen Workshop.

Münster im Mai 2014

Marco Thomas und Michael Weigend

Inhaltsverzeichnis

GI@School im Informatikunterricht

Thomas Bartoschek

Institut für Geoinformatik
Heisenbergstraße 2
D-48149 Münster

Abstract: Die Initiative GI@School führt Aktivitäten sowohl in der Region Münsterland/NRW, aber auch überregional und teilweise weltweit durch. Wir exportieren Wissen "made in Münster" und können dabei auf eine Vielzahl unterschiedlicher Projekte zurückblicken, die sowohl bei den Schülern, den Lehrern als auch in den Medien breiten Anklang gefunden haben. Dies spiegelt sich nicht zuletzt auch in den an GI@School verliehenen Preisen wider.

Zum Verhältnis von Informatik und Naturwissenschaften Ein Vorschlag zur MINT-Förderung

Dieter Engbring

FG Didaktik der Informatik
Universität Paderborn
Fürstenallee 11
33102 Paderborn
didier@upb.de

Abstract: Informatisches Denken (wie z.B. von Wing als *Computational Thinking* beschrieben) unterscheidet sich in vielerlei Hinsicht vom naturwissenschaftlichen Denken. Beides ist wohl Teil der Allgemeinbildung. In diesem Aufsatz wird die Auffassung begründet, dass mindestens eine Aufklärung über den Zusammenhang von informatischen Denkweisen sowie gesellschaftlicher und wissenschaftlicher Entwicklung auch und gerade als Teil der (allgemeinen) Bildung in der Sekundarstufe II nötig ist, die durch einen Zusatzkurs (in Anlehnung an entsprechende Kurse in den Gesellschaftswissenschaften) Informatik realisiert werden sollte. Abschließend wird ein konzeptioneller Rahmen für einen solchen Kurs vorgestellt.

1   Einleitung

In diesem Aufsatz wird der Vorschlag unterbreitet, dass in der gymnasialen Oberstufe ein Zusatzkurs Informatik eingerichtet werden sollte, den all diejenigen Schüler belegen sollen, die Informatik nicht wählen. Es wird auch begründet, warum dieser Kurs erst in der Sekundarstufe II (SII) verankert werden und was dessen Inhalt sein sollte.

Dazu ist dieser Beitrag wie folgt gegliedert. Im zweiten Abschnitt, der dieser Einleitung folgt, wird der derzeitige Stellenwert von Informatik und Naturwissenschaften in der SII einer kritischen Analyse unterzogen. Im dritten Abschnitt wird dargestellt, was Inhalt informatischen Denkens ist bzw. sein könnte und wie es sich von dem Denken in den Naturwissenschaften und der Mathematik unterscheidet. Der vierte und letzte Abschnitt befasst sich als Fazit und Ausblick mit konzeptionellen Vorschlägen zu einem Informatikunterricht, in dem die informatischen Denkweisen im Zentrum stehen.

2   MINT-Bildung in der gymnasialen Oberstufe

Bei Fächern, die in den allgemeinbildenden Schulen verankert sind, sollen von allen Schülern[1] die zugehörigen Kompetenzen erworben werden. Pflicht- und Wahlpflichtfächer sind Ausdruck des Anspruchs der Allgemeinbildung auch in der SII. Aber nicht alle

---

[1] Schüler meint, wenn nicht anders angegeben auch immer Schülerinnen.

Inhalte der Fächer, die derzeit in der Schule unterrichtet werden, sind wirklich essentiell für eine erfolgreiche Lebensführung. So mag man sich zwar darüber aufregen, dass Menschen mit ihrem mangelhaften bzw. ungenügendem Wissen über Mathematik, Naturwissenschaften oder Technik kokettieren, aber oftmals gibt ihnen ihr gesellschaftlicher Status recht. Heymann hat im Zuge seiner Arbeiten zu Allgemeinbildung und Mathematik darauf hingewiesen, dass es auch bei akademischen Berufen mit den mathematischen Kenntnissen nicht so weit her ist [He96, 134ff]. Schon sehr viel früher (1913) war es Whitehead, der darauf verwies, dass Mathematikunterricht von vielen Menschen als *recondite* (abwegig oder esoterisch) empfunden wird und dass die Menschen zumindest in der Art und Weise wie diese die fachliche Systematik abbildend unterrichtet werden damit auch Recht haben [Wh62, 260f].

Im Folgenden soll daher gezeigt werden, dass Mathematik und Naturwissenschaften im Versuch Allgemeinbildung und Studienvorbereitung durch Orientierung an der Wissenschaft zu erreichen, nicht besonders erfolgreich sind. Dazu werden zunächst Zahlen (2.1) und dann Befunde (2.2) zum MINT-Unterricht vorgelegt, von denen zwar einige nicht direkt den Informatikunterricht betreffen, die aber teilweise übertragen werden können. Dazu dient die Zusammenfassung in (2.3).

2.1   Zahlen zum MINT-Unterricht

	11/EF	12/Q1			13/Q2		
Biologie	83,1%	81,4%	59,7%	21,7%	79,7%	57,5%	22,2%
Chemie	39,4%	28,5%	25,4%	3,1%	27,0%	23,4%	3,6%
Informatik	19,6%	12,2%	11,7%	0,5%	16,0%	15,2%	0,8%
Physik	36,4%	30,5%	25,4%	5,1%	38,6%	29,8%	8,8%
	Gesamt	Gesamt	GK	LK	Gesamt	GK	LK

Tabelle 1: Zahlen aus Schulstatistik NRW zum MINT-Unterricht.

In den Daten der offiziellen Schulstatistik des Landes Nordrhein-Westfalen (NRW)[2] kann man seit Jahren nachlesen, dass die MINT-Fächer nicht sonderlich beliebt sind. Insbesondere Chemie und Physik erreichen nur wenige Schüler. Für die Informatik gilt dies noch mehr. Hier muss aber berücksichtigt werden, dass die Rahmenbedingungen für die Wahl des Faches schlechter sind. Informatik wird nur an ca. 70% (593 von 827) aller gymnasialer Oberstufen angeboten und es kann nur als zweites Fach nach Biologie, Chemie oder Physik gewählt werden.[3] Die Wahl von Informatik ist in der Regel nur dann möglich, wenn die Schüler bereits ihre Fremdsprachenbelegung absolviert haben.

Die schlechten Rahmenbedingungen bei der Wahl von Informatik lassen die Frage offen, wie groß das Potenzial wäre, wenn Informatik gleichberechtigt wäre und auch an allen Schulen gewählt werden könnte. Als ersten Schritt eine Antwort auf diese Frage zu erhalten, haben wir zum Ende des Schuljahres 2011/12 an drei Schulen verteilt über ganz NRW alle Schüler der Einführungsphase unter anderem befragt, was sie aktuell belegen (Frage 1), was sie belegt hätten, wenn sie in ihrer Wahl vollständig frei wären (hierbei

---

[2] www.schulministerium.nrw.de/docs/bp/Ministerium/Service/Schulstatistik/Amtliche-Schuldaten/StatUebers379-Quantita2012-2013.pdf (letzter Aufruf 11.3.2014)
[3] In den Qualifikationsphasen ist die Quote der Informatik anbietenden Schulen noch niedriger, was vermuten lässt, dass einige Schulen nicht immer Informatikkurse in der Qualifikationsphase anbieten können.

haben wir das Fach Mathematik als Pflichtfach miteinbezogen; Frage 2) und ob sie danach Informatik in der 1. Qualifikationsphase (Q1) Informatik weiter belegen.

Die Antworten auf Frage 1 (vgl. Tabelle 2) zeigen, dass die Anzahlen an den beteiligten Schulen nicht ganz untypisch sind. Die Zahl der Schüler, die Informatik wählen, ist hö-

N = 342	Biologie	Chemie	Informatik	Physik	Gesamt	Mathematik
Frage 1	74,27%	23,98%	23,68%	37,43%	159,36%	
Frage 2	48,25%	14,33%	19,01%	22,81%	104,39%	53,51%

Tabelle 2: In Frage 1 wurde die tatsächliche Belegung abgefragt. In Frage 2 ging es um die Wahl bar jeder Einschränkungen. Den Schülern war es freigestellt keins oder alle Fächer anzukreuzen.

her als im Durchschnitt des Landes (die Zahlen für Chemie sind an den drei befragten Schulen geringer). Da nur an etwa 70% der Schulen überhaupt Informatik angeboten wird, ergibt sich auch bezüglich der Informatik eine eher typische Zahl.

Die Antworten auf die Frage danach, welches Fach man wählen würde, wäre man nicht eingeschränkt durch Pflichtbelegungen, zeigen, dass viele Schüler *nolens volens* im

	Info in der EF +	Info in der EF −	Gesamt
Wunschfach +	38 (11,11%)	27 (7,9 %)	65
Wunschfach −	43 (12,57%)	234 (68,42 %)	277
Gesamt	81	261	342

Tabelle 3: Fasst die Ergebnisse von Frage 1 und Frage 2 für das Fach Informatik zusammen

MINT-Unterricht sitzen. Für die Informatik haben wir zudem untersucht, welche Schüler tatsächlich den Informatikunterricht wählen wollten und welche ggf. durch die Rahmenbedingungen an der Wahl gehindert werden. Die Vierfeldertafel in Tabelle 3 zeigt die Zahlen. Von der 81 Schülern, die das Fach Informatik in der EF belegen, geben nur knapp die Hälfte dieses als Wunschfach aus. Tatsächlich kann auch ein gewisser Anteil an Schülern die Wahl des Faches nicht realisieren. In diesen drei Schulen ist sind ca. 8%. Gut zwei Drittel aller Schüler belegen Informatik nicht und wollen es auch nicht belegen.

Um auch untersuchen zu können, warum Schüler nach der EF den Informatikunterricht verlassen, haben wir die Umfrage an das Ende der EF gelegt. Diese Zahlen sind landesweit gesehen sehr hoch (s. Tabelle 1). An den drei befragten Schulen sind es jedoch nur insgesamt 18 Schüler, die Informatik nicht weiter belegen. Von diesen hatten nur drei Informatik als Wunschfach angegeben. Die Anzahl der Schüler ist damit zu gering, um weitergehende Schlüsse zu ziehen. Auffällig ist bei diesen Schülern jedoch die abwertenden Einschätzungen zum Programmieren als Teil des Informatikunterrichts, die mit weiteren Fragen untersucht wurde, deren Auswertung hier nicht dargestellt werden kann.

Die Befragung in den drei Schulen und die offiziellen Daten aus der Schulstatistik zeigen bei aller gebotenen Vorsicht, dass das Schülerpotenzial, dass man mit Informatik als Wahlpflichtfach in der gymnasialen Oberstufe erreichen kann, nicht besonders hoch ist. Die Beliebtheit der Informatik geht nicht über die der Fächer Chemie und Physik hinaus. Die Grundkurse der Informatik (und auch die der Naturwissenschaften) werden dennoch von Schülern belegt, die an den dargebotenen Inhalten wenig Interesse haben. Die Zahlen beziehen sich auf die SII und damit auf einen späten Zeitpunkt in der Schullaufbahn, zu dem die Schüler bereits eine Vorprägung erhalten haben. Einen Teil der Vorprägung wird durch die bisherige Schulzeit und die Erfahrungen hervorgerufen. Die im folgenden darzustellenden Untersuchungen zum Unterricht in Chemie, Physik und Mathematik zeigen dies. Damit ist die Vermutung, dass mehr Schüler für das Fach Informatik zu gewinnen wären, wenn er nur früher einsetzen würde, schwer bis gar nicht zu belegen. Es wird – und das zeigen die folgenden darzustellenden Befunde aus den Naturwissenschaften – sehr darauf ankommen, wie man an die Informatik herangeht.[4]

2.2   Befunde zum MINT-Unterricht

Untersuchungen zur Unbeliebtheit vor allem von Chemie und Physik gibt es schon seit einigen Jahren. Sie beziehen sich – wie z.B. von Merzyn [Me08] summarisch dargestellt – auf Inhalte und Methoden, Ansehen und Einstellungen, Stofffülle und Schwierigkeiten bis zu Lernerfolg und Zensuren [ebd., 129]. Die Ergebnisse zeigen eine Reihe von Problemen, ohne ein eindeutiges Bild zu liefern, aus dem sich ein *modus vivendi* ergeben würde, wie die Fächer attraktiver gestaltet werden können, ohne dass man sie verböge.

Merzyn stellt fest, dass das Interesse im Laufe der Zeit zurückgeht. Dies hat sicher auch äußere Faktoren. Dies hat aber auch mit der frühen Orientierung an der Systematik der Bezugswissenschaften zu tun, dem Maß an Komplexität, der in Bezug auf Stofffülle und Aufgabenschwierigkeiten auch daraus resultiert (Formalisierung!) und sich dann auch in Lernerfolg und weniger guten Zensuren niederschlägt. Dies ist grob und es gibt eine Menge von Zwischentönen, die z.B. auch die Methodik und das Lernklima betreffen, da diesen Fächern u.a. ein schlechtes Lernklima attestiert wird [ebd., 129ff]. Dies ist auch Folge der Inhalte bzw. ihrer Vielzahl und der schnellen Abfolge, in der sie präsentiert werden. Daraus resultiert eine Methodik, bei der man auf verstärkten Frontalunterricht und dem Lesen von Lehrtexten setzt. Experimentieren, Explorieren und Üben kommen zu kurz [ebd., 133]. Es ist bedauerlich, dass dies in den Naturwissenschaften geschieht, die wie sonst kaum andere Wissenschaften den Geist der Aufklärung in sich tragen, der es darum ging nicht Glaubenssätze als Wissen zu tradieren sondern den Prozess des Erwerbs und der Absicherung der Erkenntnisse zu vermitteln. Eine Folge der Methodik und der Stofffülle ist jedoch, dass Schüler die Sätze und Gesetze der Naturwissenschaften wie dogmatische Lehrsätze lernen. Dieser Befund ist auch nicht neu, denn schon in den 1980er Jahren, ließ sich als Resultat des naturwissenschaftlichen Unterrichts u.a. feststellen, dass die „Entmystifizierung der mittelalterlichen Vorstellung von der Welt in der Forderung nach *Wissenschaftsorientierung* [...] ersetzt [wird] durch einen neuen Mystizismus positiven Partikularwissens; Pestalozzi sprach von *Brockenwissen.*" [BH87, 10] Faulstich-Wieland verwies schon damals auf eine Studie an Marburger Schulen. Sie schreibt: Naturwissenschaftlicher Unterricht führe in seiner bisherigen Form zu einer „unkritischen Wissenschaftsgläubigkeit" [Fa86, 509], die es damit auch erschwert, Technik rational einzuschätzen. Die häufig geäußerte Behauptung, dass naturwissenschaftlicher Unterricht einen wesentlichen Beitrag zum Wirklichkeitsverständnis und zu einem kritischen Bewusstsein gegenüber Wissenschaft und Technik beitrüge, wird in empirischen Studien zum naturwissenschaftlichen Unterricht relativiert. Es steht

---

[4] Dass die Anzahlen in der SII früher höher waren, insbesondere bei den Schülerinnen, ist auch nur bedingt ein Beleg für ein höheres Potenzial, ohne dass dieses hier ausführlich erörtert werden kann.

zu vermuten, „dass die schulischen Naturwissenschaften in ihrer traditionellen Form wesentlich für jene gefährliche Verbindung von Abwehr und Respekt, von Angst und Gläubigkeit (mit)verantwortlich sind, die den notwendigen emanzipativen Umgang von Individuum und Gesellschaft mit Wissenschaft und Technik so schwer macht." [Br85, 52]

2.3 Zusammenfassung

Viele der Probleme, die vor allem die Fächer Chemie und Physik den Schülern bereiten, konnten nur angedeutet werden. Aber die (zu) frühzeitige Orientierung an den Wissenschaften und die Formalisierung scheinen neben der Stofffülle einen Beitrag dazu zu leisten, dass die Fächer unbeliebt sind. Mit dieser Unbeliebtheit könnte man gelassen sehen, würden wenigstens die Ziele dieser Wissenschaftsorientierung erreicht. Aber das Gegenteil scheint der Fall zu sein. Es gibt sowohl den Nachwuchsmangel im naturwissenschaftlichen und technischen Bereich als auch eine weit verbreitete Unkenntnis über die Prinzipien von Naturwissenschaft und Technik. Daraus jedoch den Schluss zu ziehen, auf Formalisierung oder Wissenschaftlichkeit zu verzichten, würde aber auch den Fächern nicht gerecht. Dieser schwer aufzulösende Widerspruch löste sich möglicherweise dann auf, wenn man deutlicher zwischen den verschiedenen Arten der Kurse unterschiede. Bislang sind Grundkurse nur abgespeckte Leistungskurse, die sich nicht im Zugang zum Fach und auch nur kaum in Bezug auf die Inhalte unterscheiden. Wenn man also für Grundkurse (und hier noch einmal differenziert nach Pflicht- bzw. Wahlpflichtkurs) die Stofffülle reduzierte, entstünden Freiräume, so dass ausgehend von den Erscheinungen die Denkweisen und die Methodik der Erkenntnisgewinnung in das Zentrum gestellt werden könnten. Der spezifische Prozess des „Entdeckens" (und wie man die Entdeckung absichert) ist wohl der Beitrag der Naturwissenschaften zur Allgemeinbildung und weniger die Ansammlung möglichst vieler Entdeckungen. Entsprechend wird nun ein konzeptioneller Rahmen vorgeschlagen, der informatisches Denken in das Zentrum rückt. Dazu werden Unterschiede und Gemeinsamkeiten von Informatik, Mathematik und Naturwissenschaften herausgestellt. Ein wesentlicher Unterschied besteht im „Erfinden", der aus der Informatik ein sehr anspruchsvolles (auch kreative Elemente enthaltendes) Fach macht. Weil dieses aber stark fordert und in der Tat nicht von jedem verlangt werden kann, sollte ein „Nachentdecken von Erfundenem" angestrebt werden. Denn auch in den Naturwissenschaften geht es weniger um das Entdecken neuer Naturgesetze denn um das Entdecken der gefundenen Gesetzmäßigkeiten.

3   Informatik als Teil der MINT-Bildung

Die Situation der Fächer Chemie und Physik sollten Warnung genug sein, dass man nicht einfach eine Mini-Version des Hochschulfaches in die Schulen bringt. Hierdurch leistet man ggf. einen Beitrag zur Studienvorbereitung, die aber auch nicht allgemein sondern schon sehr speziell ist. Um also Inhalte oder einen Zugang zur Informatik im Kontext der Allgemeinbildung zu finden, sind z.B. die Vorschläge von Wing zum *Computational Thinking* sehr hilfreich. Diese werden zunächst in 3.1 dargestellt und kommentiert, um sie dann anhand von existierenden fachdidaktischen Ansätzen – denn Wings Vorschläge waren nicht (gänzlich) neu – die ähnlich argumentiert haben, in 3.2

zu schärfen. Als Essenz wird festgehalten, dass es um strukturwissenschaftliches Denken geht, das in (3.3) näher betrachtet wird. Eine Zusammenfassung (3.4) dieser Synopse leitet dann über zum konzeptionellen Rahmen für den Pflichtkurs.

3.1 Informatisches Denken aka *Computational Thinking*

Wing formulierte 2006 in den Communications of ACM (CACM) eine Sichtweise dazu, was *Computational Thinking* (informatisches Denken) ausmacht und was jeder (in diesem Fall ist ihre Zielgruppe die *college freshmen*) von Informatik verstehen müsste [Wi06]. Durch ihre Gegenüberstellung, was es ist (und was nicht) zieht sie zwar Grenzen, die aber nur sehr sehr grob sind und einer unterrichtlichen Umsetzung außerhalb eines Vortrages harren. Insbesondere geht es ihr um *conceptualizing, not programming*, was man im Deutschen am ehesten unter 'Modellierung' fassen wird. In der zweiten bis vierten Gegenüberstellung hebt sie darauf ab, dass *Computational Thinking* nicht die mechanischen Routinen sind, dass man menschliches und maschinelles Denken unterscheiden und zugleich auf einander beziehen (mithin als komplementär verstehen) müsse, woraus sich der Wert des Einsatzes von Computern und der dahinterstehenden Denkweisen ergäbe („We humans make computers exciting" [ebd., 35]). Mathematisches Denken wird zugleich ingenieurwissenschaftlichen Denken verbunden (bei dem es jeweils um das „Erfinden" geht; D.E.). Darüber hinaus geht es um die dahinter stehenden Ideen (gemeint sind Konzepte und Prinzipien) und nicht um die Informatiksysteme.

Der diese Charakterisierungen darstellende initiale Beitrag in den CACM ist so gestaltet, dass Außenstehende verstehen sollen, was *Computational Thinking* ausmacht. Dies führt zu der Frage, was davon außerhalb der Informatik verstanden wird. Dieses herauszufinden, haben wir eine kleine Untersuchung durchgeführt. In diesem Fall sind Englisch-Lehrer (damit die Sprachbarriere entfällt) mit unterschiedlichen Zweitfächern befragt worden, wie sie mit eigenen Worten die Kernaussage des Textes zusammenfassen und welche Stellung sie zu dem letzten Absatz mit der Forderung nach *Computational Thinking* für alle beziehen. Insgesamt wurden sieben Lehrer angefragt und fünf haben geantwortet. Eine ausführliche qualitative Inhaltsanalyse der Äußerungen erübrigt sich. Dafür sind es zu wenige und die Äußerungen gehen nicht genügend in die Tiefe. Drei Aspekte fallen jedoch auf.

Erstens wird der Text zwar als interessant charakterisiert. Zugleich wird aber eingeräumt, dass man keine Ahnung hätte, ob das dargestellte etwas mit Informatik zu tun hätte bzw. ob es für diese spezifisch ist. Zweitens erweist sich – vielleicht auch wegen der ersten Beobachtung – dass die Aussage und die Forderungen des Textes nur bedingt nachvollzogen werden. Hier sind zwei Antworten aufschlussreich, da sie bestreiten, dass das dargestellte spezifisch für die Informatik sei, da strukturiertes bzw. strukturierendes Vorgehen unter Einbeziehung aller Einflussfaktoren in vielen Fächern essentiell ist. Entsprechend wird die Argumentation Wings als etwas verstanden, die letztlich mehr „computern" in der Schule einfordert. Drittens ist keiner der Befragten auf die bemerkenswerten Aussagen zum Unterschied (bzw. Komplementarität) von Mensch und Maschine in diesem Aufsatz eingegangen. Es ist geplant, diese drei Aspekte genauer zu untersuchen.

3.2 Zugehörige fachdidaktische Einordnungen

Wings Beitrag in der CACM wurde gerade unter Fachdidaktikern auch sehr kritisch diskutiert. Insbesondere wurde erwähnt, dass die Vorschläge nicht neu seien. In der Tat hat es gerade in der deutschen Informatik-Didaktik schon solche Begründungszusammenhänge gegeben. Insbesondere die Ansätze, die den Begriff „Information" (und damit deren Modellierung in Daten) in ihr Zentrum stellen (angefangen mit [Ba90], über [Ke89], [Br94] bis zu [Hu00]) weisen einen hohen Verwandtschaftsgrad hierzu auf.

All diese fachdidaktischen Einordnungen sehen in „Information" neben „Materie" und „Energie" ein Phänomen der Natur. Dies ist insofern sicher richtig, da die Naturwissenschaft auch *Information* als grundlegende Erscheinung betrachten. Auffällig ist jedoch – ohne dass dieses an dieser Stelle ausführlich belegt werden kann – dass Information dort etwas Übersummenhaftes beschreibt, was sich nicht vollständig durch mathematische (formale) Darstellungen beschrieben werden kann. Die mag daran liegen, dass *Information* einen gesellschaftlichen und kulturellen Kontext hat bzw. benötigt und damit auch ein Phänomen von Kultur und Zivilisation ist. Die Verarbeitung von Information schließt das Aufbewahren und deren Weitergabe (Kommunikation) mit ein. Information ist damit nicht nur ein Phänomen, mit dem man belebte von unbelebter Materie differenzieren kann. Durch das Weitergeben und das Aufbewahren unterscheiden sich nach Einschätzung der Kulturanthropologen Menschen von den Tieren, die zwar z.T. auch Hilfsmittel gebrauchen, diese aber sehr viel seltener aufbewahren oder weitergeben. D.h. die Weiterentwicklung der Hilfsmittel der Kultur bzw. der Zivilisation ist konstituierend für die geistige Entwicklung der Menschen.[5] *Information* muss mithin auch als ein Konstrukt bzw. Mittel der Kultur aufgefasst werden. Die im folgenden darzustellenden Strukturwissenschaften versuchen den hierfür notwendigen Brückenschlag von Natur zu Kultur.

3.3 Strukturwissenschaftliches Denken

Letztlich geht es beim „Informatischen Denken" um strukturwissenschaftliches Denken. Die Kategorie Strukturwissenschaft geht auf von Weizsäcker zurück, der damit die Mathematik einordnet, die weder Natur- noch Geisteswissenschaft ist. Die Strukturwissenschaft haben, wie auch von Baumann [Ba90] angedeutet eine Brückenfunktion. Von Weizsäcker hat schon Ende der 1960er Jahre die darin enthaltene Ambivalenz erkannt:

„Aufgrund ihres hohen Abstraktionsgrades scheinen die Strukturwissenschaften am ehesten geeignet zu sein, zwischen den Natur- und ... den Geisteswissenschaften eine Brücke zu schlagen. Tatsächlich scheinen die Strukturwissenschaften zu einem einheitlichen Wirklichkeitsverständnis, das heißt zu einem objektiven Sinnzusammenhang und einem objektiven Anschauungsganzen zu führen, das nunmehr alle Formen wissenschaftlicher Erkenntnis umfasst. [...] Wer in einem Lande den Fortschritt der Wissenschaften fördern will, muß diese Wissenschaften vordringlich fördern, denn sie bezeichnen zugleich eine neue Bewußtseinsstufe. [...] Der Bewußtseinswandel, den sie [die

---

[5] Vgl. hierzu [Ke90], der sich auf den Kulturanthropologen Leroi-Gourhan und zugleich auf den Evoloutionsbiologen Eigen bezieht. Auch bei ihm kommt der komplementäre Zusammenhang von Natur und Technik und damit von Mensch und Maschine zum Ausdruck.

Strukturwissenschaften; D.E.] mit sich bringen, gibt uns die Macht der Planbarkeit. Er enthält ebenso die Gefahr der Planbarkeit. Der wissenschaftlichen Wahrheit ist eine ihr anhaftende Unwahrheit zugeordnet. Die Strukturwissenschaften führen die Gefahr mit sich, alle Wirklichkeit mit machbarer und planbarer Struktur zu verwechseln. Die Inhumanität der Technokratie ist eine Folge des Sieges des strukturellen Denkens im Sinne dieser Wissenschaften." [We79, S. 23] Von Weizsäcker beendet seine Abhandlung über die Strukturwissenschaften denn auch mit einer Forderung. Eine „der wichtigsten Anstrengungen in der Bewußtseinsbildung muß es sein, dem Blick für Strukturen den Blick für Wirklichkeit komplementär gegenüberzustellen." [ebd.]

Diese Ambivalenz und die Wechselwirkungen sind, so wie es von Weizsäcker beschreibt, Teil der (Bewusstseins-)Bildung gerade im Kontext allgemeiner Studienvorbereitung und im *Computational Thinking* enthalten. Sie zu thematisieren ist eine Herausforderung, da die Zusammenhänge nicht einfach sondern sehr komplex sind. Die Äußerungen von Weizsäckers zur Einordnung der Strukturwissenschaften und deren Bedeutung für die wissenschaftliche Erkenntnis fordern nicht mehr aber auch nicht weniger als eine Kontextualisierung der sich ergebenen Strukturen ein. Eine solche Kontextualisierung ist allerdings schwierig, weil sie mit einem Denken zu tun hat, das über die eigene Domäne hinausgeht, aber der anderen auch nicht das eigene Denken aufdrücken darf.

3.4   Zusammenfassung

Kontextualisierung erfordert erstens die Integration hermeneutischer Prozesse, die nicht nur auf Strukturbildung setzen, bei der es Alternativen gibt, weil sie Teil einer Bewertung sind und (diskussionswürdige, ggf. nicht von allen geteilte) Normen miteinbeziehen. Zweitens ist es schwierig bei der Kontextualisierung nicht in einen Sozialkundeunterricht abzugleiten, der eben nicht strukturwissenschaftlich ist und bei den letztlich nicht mehr erreicht werden kann als ein gewisses Problembewusstsein. Will man darüber hinausgehen, muss nach der Bewertung zu einer Revision des Modells übergegangen werden und ein neuer Zyklus gestartet werden. Drittens resultiert insbesondere aus erstens und zweitens ein Komplexitätsproblem, da bei wenig komplexen Kontexten sowohl die Strukturbildung als auch die Kontextualisierung flach ausfällt, weil sich die Gegenüberstellung von Modell und Wirklichkeit eher schlicht darstellt, da kaum Gestaltungsalternativen vorhanden sind. Bei komplexeren Kontexten und eben solchen Modellen gibt es solche Alternativen; es findet aber ggf. auch eine Überforderung der Schüler statt.

Hier zeigt sich, dass mit der Formulierung solcher Begründungszusammenhänge die Frage der Umsetzung nicht geklärt ist. Gerade der Informatik Anfangsunterricht besteht vor allem (nicht nur!) darin, die Grundlagen der Programmierung zu vermitteln. Dies ist insofern wichtig und richtig, da Programmierung einerseits wesentlicher Bestandteil des informatischen Modellierungsprozesses ist. Andererseits dominiert der Prozess der Implementierung vor allem zeitlich, so dass heimliche Lehrpläne entstehen (der Umgang mit den Entwicklungsumgebungen und den darin nutzbaren Sprachen weisen jeweils spezifische Tücken auf) und auch ein Lernen auf Vorrat stattfindet. Diese Schwierigkeiten sind vergleichbar mit den in Abschnitt 2 dargestellten Problemen der Fächer Chemie und Physik, die sich auch zu sehr an der Fachsystematik, an einer Vielzahl von Inhalten und damit zu wenig am spezifischen Prozess der Erkenntnisgewinnung orientieren. Konkretisierungen, wie informatisches Denken unterrichtet werden sollen, finden sich kaum in den fachdidaktischen Ansätzen (am ehesten bei Hubwieser, der aber wohl in Bezug auf die Objektorientierung übertreibt) noch bei Wing. Ihre Vorträge sind zwar durchaus populärwissenschaftlich gehalten, werden aber nicht ausreichen (vgl. 2.2) um die Konstituierung gefährlichen Halbwissens zu vermeiden. Überdies scheint unser Experiment mit den Englisch-Lehrern auch einen Hinweis darauf zu geben, dass man auf diesem Wege das Spezifische der Informatik nur schwer herausarbeiten können wird.

4   Als Fazit und Ausblick: Ein konzeptioneller Rahmen

Die Komplexität dessen, was hinter *Computational Thinking* bzw. informatischen Denken steht, ist so hoch (vor allem durch die notwendige Kontextualisierung), dass man erst gar nicht den Versuch starten sollte, dies in der SI zu unterrichten. In der Tat ist informatisches Denken eher etwas, was der allgemeinen Studierfähigkeit zuzurechnen ist als der Allgemeinbildung im engeren Sinne. Will man – denn das wäre der Sache durch das dann notwendige Lernen auf Vorrat abträglich – keinen Programmierkurs vorschalten, muss man einen anderen Zugang wählen. Dieser ergibt sich neben dem bisher geschriebenen – aus dem Umstand, dass Software aus Texten besteht und wie man ansonsten vor allem in der Schule mit Texten umgeht. Man analysiert diese Texte auch in Hinblick auf ihre formale Struktur und ihre Inhalte. Dies ist übertragbar, da Software in höheren Programmier- oder Modellierungssprachen verfasst ist, damit andere Menschen diese „lesen" und darüber kommunizieren können. Software sollte also analysiert werden. Die Schüler sollen lernen sie zu lesen und sie zu verstehen. Im Unterschied zu den Sprachen steht den Schüler zusätzlich die Ausführungsebene zur Verfügung, mit der experimentiert (d.h. verändert und erweitert werden kann).

Nimmt man Software zu Ausgangspunkt des Unterrichts muss diese allerdings eigens für den Unterricht produziert werden. Tatsächlich existierende Software – wenn man an deren Programmtexte käme – sind von ihrer Struktur her zu komplex, als dass Novizen (und um solche handelt es sich hier) die Chance hätten, diese auch unter Anleitung zu verstehen. Damit stellt sich die Frage nach dem Kontext, aus dem diese Programme gewonnen werden sollen. Dieser Kontext muss zwar eine gewisse Komplexität haben, zugleich zugänglich sein und sollte auch nicht stark von gesellschaftlichen Konflikten geprägt zu sein. Eine Idee hierzu ist es, „Brettspiele" für den Computer adaptieren. Dies beinhaltet folgende Vorteile. Erstens kann man diese Spiele spielen, um sich in den Kontext einzuarbeiten. Zweitens hat man es in diesen Spielen mit einer überschaubaren Anzahl von Objekten zu tun, deren Eigenschaften und Aufgaben objektorientiert beschreibbar sind. Drittens scheint dieser Kontext Schüler zu motivieren [RO09]. Viertens können „Computerspieler" die angesprochenen Fragen zum Unterschied menschlicher und maschineller Denkweisen zumindest ansatzweise einbezogen werden. Fünftens ergeben sich durch die Virtualisierung des Brettspiels neue Möglichkeiten das Spiel zu spielen und es zu skalieren. Mögliche Brettspiele, die umsetzbar wären, sind m.E. *Kniffel, Malefiz, Mensch ärgere Dich nicht, Super Hirn* u.v.a.m. Sechstens sind eine Vielzahl von Erweiterungen möglich, die auf das Phänomen verweisen, dass Software in Versionen ausgeliefert und Zyklen entwickelt wird.

Es ergeben sich durch diesen Kontext auch eindeutig Nachteile, die vor allem dadurch geprägt werden, dass der Kontext Computerspiele anders konnotiert wird. In Boulder, Colorado hat man vor einigen Jahren ein Projekt gestartet die Prinzipien des *Computational Thinking* über *Scalable Game Design* (vgl. [RW10]) über „echte Computerspiele" umzusetzen, was dort offenbar erfolgreich umsetzbar ist. Der sicher motivierende Einfluss der hier verwendeten 2-D bzw. 3-D Grafiken ist aber nicht untersucht worden, so dass man noch nicht abschließend würdigen kann, wie erfolgreich der in diesem Aufsatz vorgelegte Vorschlag sein wird. Wahrscheinlich wird es nötig sein, Basiskomponenten für die GUI- und die Datenobjekte vorzugeben, wie dies in Mini-Welten geschieht und auch die Code-Editoren entsprechend solcher Mini-Welten (vgl. jeweils Scratch) anzupassen. Das Erschließen des Programm-Codes sollte medial, z.B. durch Klassendiagramme (und andere Dokumente) unterstützt werden.

Literaturverzeichnis

[Ba90] Baumann, R.: *Didaktik der Informatik.* Klett-Schulbuchverlag, Stuttgart, 1990

[BH87] Bussmann, H.; Heymann, H. W.: *Computer und Allgemeinbildung.* In: Neue Sammlung 27 (1987) Heft 1, S. 2-39

[Br85] Brämer, R.: *Böse Erinnerungen.* In: betrifft: erziehung 15 (1985), Heft 11, S. 48-52

[Br94] Breier, N.: *Informatische Bildung als Teil der Allgemeinbildung.* In: LOG IN 13 Heft 5/6 (1994) S. 90-93

[En04] Engbring, D.: *Informatik im Herstellungs- und Nutzungskontext. Ein technikbezogener Zugang zur fachübergreifenden Lehre.* http://digital.ub.uni-pader-born.de/hs/download/ pdf/3392?originalFilename=true (letzter Zugriff 11. März 2014)

[Fa86] Faulstich-Wieland, H.: „*Computerbildung" als Allgemeinbildung für das 21. Jahrhundert?* In: Zeitschrift für Pädagogik, 32.Jg. 86, Nr. 4, Beltz-Verlag, Weinheim, S.503-514

[He96] Heymann, H.W.: *Allgemeinbildung und Mathematik.* Beltz. Weinheim Basel, 1996

[Hu00] Hubwieser, P.: *Didaktik der Informatik. Grundlagen, Konzepte, Beispiele.* Springer. Berlin Heidelberg New York u. a., 2000

[Ke89] Kerner, I. O.: *Was jedermann über Informatik wissen sollte.* Teil 1. In: LOG IN 9 Heft 6 (1989), S. 12-14

[Ke90] Keil-Slawik, R.: *Konstruktives Design. Ein ökologischer Ansatz zur Gestaltung interaktiver Systeme.* Habilitationsschrift, Forschungsbericht des Fachbereichs Informatik, Bericht Nr. 90-14, TU Berlin, 1990

[Me08] Merzyn, G.: *Naturwissenschaften Mathematik Technik – immer unbeliebter?* Schneider Verlag Hohengehren. Baltmannsweiler.

[RO09] Rabel, M., Oldenburg, R.: *Konzepte, Modelle und Projekte im Informatikunterricht –Bewertungen und Erwartungen von Schülern und Studenten.* In: Koerber, B. (Hrsg.): Zukunft braucht Herkunft - 25 Jahre "INFOS - Informatik und Schule" GI-Edition - Lecture Notes in Informatics (LNI), P-156 Bonner Köllen Verlag (2009) S. 146 -156

[RW10] Repenning, A., Webb, D., Ioannidou, A.: *Scalable Game Design and the Development of a Checklist for Getting Computational Thinking into Public Schools.* The 41st ACM Technical Symposium on Computer Science Education, SIGCSE 2010, (Milwaukee, WI), ACM Press.

[vW79] von Weizsäcker, C. F.: *Die Einheit der Natur: Studien.* Hanser, München, 1979, 5. Aufl.

[Wh62] Whitehead, A. N.: *Die Gegenstände des mathematischen Unterrichts.* In: Neue Sammlung 2 (1962) S. 257-266

[Wi06] Wing, J.: *Computational Thinking.* Communications of The ACM. March 2006/Vol. 49, No. 3, S. 33 - 35

Wahlverhalten zum Schulfach Informatik in der SI

- Erste Ergebnisse einer Studie in NRW -

Marco Thomas, Angélica Yomayuza

Arbeitsbereich Didaktik der Informatik
Westfälische Wilhelms-Universität Münster
Fliednerstrasse 21
48149 Münster
marco.thomas@uni-muenster.de
angelica.yomayuza@uni-muenster.de

Abstract: Das Fach Informatik hat in Nordrhein-Westfalen in der Sekundarstufe I weiterhin einen schweren Stand. Strukturelle Bedingungen an den Schulen und Vorstellungen zur Informatik scheinen eine Ursache zu sein, warum viele Schülerinnen und Schüler keine informatische Bildung erhalten. Es fehlen jedoch empirische Studien, z.B. zur An- und Abwahl des Wahlpflichtfachs Informatik.
Im Herbst 2013 wurden im Regierungsbezirk Münster rund 1500 Schülerinnen und Schüler der Sekundarstufe I zu ihrer Entscheidung befragt, Informatik als Schulfach gewählt/nicht gewählt zu haben. Erste Auswertungen der quantitativ erhobenen Daten belegen einerseits schon länger vermutete Zusammenhänge und zeigen andererseits mögliche Anknüpfungspunkte für eine gezieltere Unterstützung der Informatik in der Sekundarstufe I.

1 Stiefkind Informatische Bildung in der Sek. I

In den 1970er Jahren startete das Schulfach Informatik in NRW – und in Deutschland – mit einem Pilotprojekt in der gymnasialen Oberstufe (GOST) der Gesamtschule Berger Feld in Gelsenkirchen, bevor ab 1981 verbindliche Richtlinien in Kraft traten. Die Einführung der Informatik in der Oberstufe verlief recht erfolgreich, anfänglich unterstützt durch relativ umfangreiche Aus- und Fortbildungsmaßnahmen und dem Bereitstellen von Unterrichtsmaterialien durch staatliche Institutionen. In der Sekundarstufe I (SekI) zeigten sich jedoch rasch unterschiedliche Sichtweisen auf Ziele und Inhalte einer »Informatischen Bildung«. Politisch gefördert wurde in der SekI vor allem eine fächerintegrierte Nutzung von Informatiksystemen im Rahmen einer »Informationstechnischen Grundbildung (ITG)« ([B87]), teilweise auch im Sinne einer reflektierenden Medienbildung. Eine vertiefende »Informatische Bildung« innerhalb eines Schulfachs Informatik wird den meisten Schülerinnen und Schülern (SuS) nur als Wahlmöglichkeit und im Wettbewerb mit anderen attraktiven Fächern angeboten. Hinzu kommt, dass sich in der SekI oft unter der Überschrift »Informatik« inhaltlich weniger verbirgt als selbst die ITG beabsichtigte.

Die amtliche Schulstatistik verzeichnet für das Schuljahr 2011/12 ([N11]), dass an 78% der Hauptschulen, 95% der Realschulen, 82% der Gesamtschulen (inkl. GOST) und 94% der Gymnasien (inkl. GOST) und 41% der Berufskollegs das Fach Informatik angeboten wurde. Desweiteren ergibt sich aus der Statistik, dass im Schuljahr 2011/12 über die Klassen 5 bis 10 an Hauptschulen ca. 21%, aller SuS amUnterrichtsfach Informatik teilgenommen haben, an Realschulen ca. 22%, an Gesamtschulen 11% und an Gymnasien (Klasse 5-9) ca. 13% (s. Tab. 1).

	Schulen		Teilnehmer		darunter in Jgst.						Sonstige	GOSt
	absolut	in%	absolut	in %	5	6	7	8	9	10		
Hauptschule	472	78	38686	22	2104	3240	8130	7984	8972	5724	2532	
Realschule	534	95	72622	24	8433	7706	16079	14194	12637	9757	3816	
Gesamtschule	191	82	25641	54	2637	1452	2869	3161	4070	3129	4209	4114
Gymnasium	588	94	87675	34	8000	2812	5485	14211	13567	10	4616	38974

Tabelle 1: Informatikangebot und Teilnehmerzahlen 2011/12 nach [N11]

Diese Daten aus der Statistik sind recht verblüffend für diejenigen, die sich schon länger mit der Situation des Informatikunterrichts in NRW befassen. Es gelang uns bisher nicht zu klären, inwieweit das statistische Erhebungsverfahren und andere Faktoren die Daten beeinflussen. Entgegen den Daten ist unser „Eindruck", dass NRW noch weit entfernt von einer »Informatischen Bildung« für alle Schüler ist, auch aufgrund eines fehlenden Pflichtfachs Informatik in der SekI. Es scheint uns erforderlich, eigene Erhebungen zum Informatikunterricht durchzuführen.

Von großem Interesse – auch für die jeweiligen Schulen – sind die Gründe für die Wahl oder Nicht-Wahl von Informatikkursen. Warum entscheiden sich die Schülerinnen und Schüler dafür oder dagegen? Welche Faktoren beeinflussen ihre Wahl? Was bzw. wer spielt bei der Wahl eine entscheidende Rolle? Welche Schwierigkeiten haben sie bei der Fächerwahl? Darüberhinaus soll die im Folgenden dargestellte Studie uns eine Ausgangsbasis sein, um den Informatikunterricht in NRW gezielter fördern zu können. Leider ist die Auswertung der Ende 2013 erhobenen Daten – aufgrund mangelnder personeller Ressourcen – noch nicht weiter fortgeschritten, so dass an dieser Stelle nur erste Erkenntnisse dargestellt werden können.

2 Ziele der Studie

Für die Jahrgangsstufe 11 (am G9-Gymnasium) haben Magenheim und Schulte im Jahr 2005 eine NRW-übergreifende Studie mit 570 SuS zu „Erwartungen und Wahlverhalten von Schülerinnen und Schülern gegenüber dem Schulfach Informatik" [MS05] publiziert. Die Autoren kritisierten fehlende aktuelle empirische Daten und stellten zahlreiche Hypothesen auf, die sie empirisch untersuchen wollten. Weitere Daten zum Informatikunterricht in der Oberstufe erfasste und analysierte Engbring für das Schuljahr 2011/12 (s.a. sein Beitrag in diesem Band).

Hauptziel unserer Befragung ist die Ermittlung möglicher Gründe für die An-/Abwahl von Informatik durch die SuS der Sekundarstufe I, wobei die Fragestellungen durchaus ähnlich zu denen der obigen Studien in der Oberstufe sind. Es soll außerdem analysiert werden, inwieweit sich Mädchen und Jungen bei spezifischen Einstellungen bezüglich des Faches unterscheiden. Als Seiteneffekt erhofften wir uns von der Studie die Kontakte zu den Schulen stärken zu können.

Die Ergebnisse der Studie können als Hinweise zur gezielteren Unterstützung der Schulinformatik in NRW verstanden werden, und einen Beitrag hinsichtlich des Bildes zum Informatikunterricht bzw. auf die Informatik aus Sicht der SuS in der Sekundarstufe I leisten.

3 Methodik

Für die Bearbeitung umfangreicher Fragebögen fehlt in den Schulen – insbesondere während der Unterrichtsstunden – zumeist die Zeit. Dies galt es zu berücksichtigen, um eine repräsentative Rücklaufquote zu erzielen. Wir sehen unsere Studie als ersten Einstieg in das Problemfeld, sodass sie vielleicht eher als hypothesenbildend und weniger als hypothesenstützend zu bezeichnen ist. Letzteres hätte zu wesentlich umfangreicheren oder spezifischeren Fragebögen geführt, und vermutlich den Rücklauf geringer ausfallen lassen.

Für unsere Untersuchung wurde eine im Wesentlichen quantitativ angelegte Befragung ausgearbeitet. Der Fragebogen basierte – ähnlich wie bei Magenheim/Schulte – auf den Instrumenten INCOBI, VECA und SUCA (s. [RNG01]), jedoch wurde die Anzahl der Variablen stark reduziert. Insbesondere wurde auf den Fragebogen zur Vertrautheit mit verschiedenen Computeranwendungen (VECA) und aus dem Fragebogen zur Sicherheit im Umgang mit Computern und Computeranwendungen (SUCA) zurückgegriffen, um die Erwartungen und Wahlverhalten von Schülerinnen und Schülern gegenüber dem Schulfach Informatik untersuchen zu können. Ergänzend konnten die SuS in einem Freitext ihre Gründe für die An- bzw. Abwahl von Informatik erläutern.

Über die Bezirksregierung Münster wurden alle Haupt- und Realschulen sowie die Gesamtschulen und Gymnasien angeschrieben und zur Teilnahme an der Umfrage eingeladen. Es wurden ausschließlich SuS befragt, die das Fach Informatik im vergangenen Schuljahr wählen konnten. Die Fragebögen konnten papiergebunden oder online unter der Aufsicht der Fachlehrerin oder des Fachlehrers bearbeitet werden, was die Schule jeweils selbst entscheiden konnte. Die Befragung erfolgte unter der Aufsicht der Fachlehrerin/des Fachlehrers an den jeweiligen Schulen. Die Umfrage sollte im Oktober/November des Schuljahres 2013/2014 stattfinden, allerdings gingen uns aus organisatorischen Gründen an den Schulen die letzten ausgefüllten Fragebögen erst Ende Januar 2014 zu.

4 Population der Stichprobe

Es konnten insgesamt 1456 SuS, 682 Mädchen und 742 Jungen, an 25 Schulen befragt werden, die im letzten Schuljahr Informatik für das aktuelle Schuljahr hätten neu anwählen können. An der Erhebung nahmen auch SuS teil, die Informatik nicht belegt haben bzw. nicht belegen konnten. Die Zahl der Befragten liegt unter 0,5% der Gesamtzahl aller zum Schuljahr an den Schulen eingeschriebenen SuS der 7. bis 9. Klassen in NRW. Bei dieser Stichprobe sind deshalb alle ermittelten Daten vorsichtig zu interpretieren. 78,1% der Befragten besuchen das Gymnasium, 21,4% die Realschule und 0,4% die Hauptschule. 4% der SuS besuchen die 9. Klasse (etwa 70), 80,2% besuchen die 8. Klasse (etwa 1170), 13,1% besuchen die 7. Klasse (etwa 200). 54,4% der Befragten sind 13 Jahre alt (404 w., 370 m.) und 30,5% sind 14 Jahre alt (198 w., 237 m.). Von den befragten SuS streben in 81,3% das Abitur, 15,7% die Mittlere Reife und 1% den Hauptschulabschluss an. Weitere Aspekte der Untersuchung berücksichtigen die verwertbaren Aussagen von 70 SuS, die in einem Freitext ihre Gründe für die An- bzw. Abwahl von Informatik geäußert haben.

5 Probleme bei der Durchführung der Umfrage

Die Durchführung von empirischen Studien im schulischen Kontext steht stets vor besonders zu berücksichtigenden Schwierigkeiten (Interesse an der Schule wecken, Genehmigung durch die Schulkonferenz etc.). Einige unserer Erfahrungen und die Auswirkungen auf die Interpretation der Ergebnisse werden im Folgenden kurz dargestellt.

5.1. Rückmeldequote

Es wurden insgesamt 350 Schulen von der Bezirksregierung Münster zur Teilnahme an der Befragung eingeladen. Von diesen haben wir nur Fragebögen von 25 Schulen (7,4%) erhalten. Wir haben durchaus eine höhere Anzahl von Teilnehmern erwartet, allerdings haben einige Schulen geäußert, dass Zeitmangel die Durchführung der Umfrage verhindert hat. Es gab aber Rückmeldungen von einigen Schulen, dass die zuständigen Fachlehrerinnen und Fachlehrer die Information über die Umfrage nicht erhalten haben (ein anscheinend häufig auftretendes Problem an den Schulen).

5.2. Relativierung der Ergebnisse

Während des Auswertungsverfahrens wurde festgestellt, dass bei einigen Fragen die SuS die Markierungsoption „keine Angabe" möglicherweise als Feld für den letzten Wert in der Skala interpretiert haben. Dadurch würde die Ergebnisse relativiert, so dass man beide möglichen Angaben berücksichtigen und überprüfen muss.

6 Diskussion einiger Ergebnisse

Die Untersuchung bestätigt, dass nahezu alle befragten SuS, also auch die, die Informatik nicht gewählt haben, über computerbezogene Nutzererfahrungen und entsprechende Geräte verfügen. Die SuS nutzen bereits intensiv Informatiksysteme wie PCs (42% der SuS 1-5 Stunden am Tag), das Internet (57% 1-5 Stunden am Tag) und Smartphones/Tablets (92% der SuS besitzen ein eigenes Gerät). Die hohe Verbreitung der Geräte und der vorhandene Zugang zum Internet (bei 99% aller SuS) erlauben die Einbindung als Werkzeug in Formulierungen von Hausaufgaben. Denkbar wäre auch die gezielte Verwendung von schülereigenen Smartphones/Tablets im Unterricht. Für die wenigen SuS, die keine Geräte besitzen, dürften sich Leihmodelle konzipieren lassen.

Erfahrungsgemäß verbringen Jungen mehr Zeit an den Informatiksystemen als Mädchen; beispielsweise nutzen nach unserer Studie 456 Jungen gegenüber 360 Mädchen das Internet täglich 1 bis 5 Stunden, und bei der PC-Nutzung sind die Unterschiede noch größer (397:191 SuS). Stärkere geschlechtbezogene Unterschiede ergeben sich bezüglich des Zwecks der Nutzung des Internets. Für die Mädchen ist von größerer Bedeutung die Kommunikation über E-Mail und Chat (76% Mädchen, 31% Jungen), sowie das „normale" Surfen (67% Mädchen, 29% Jungen). Bei den Jungen ergeben sich folgende Tendenzen: sie nutzen das Internet für das Gestalten der eigenen Homepage und zum Programmieren (90%), gefolgt von der gezielten Suche nach Informationen (51%).

Von den befragten SuS wählten 37% das Fach Informatik an, 4% wählten das Fach an, bekamen dieses allerdings nicht, 60% wählten das Fach nicht an. Die Nicht-Anwahl von Informatik wurde von den SuS hauptsächlich damit begründet, dass das Programmieren schwierig ist und dass es erforderlich ist, in Mathematik gut zu sein (Abb. 1). Es scheint so zu sein, dass diese SuS mit Informatikunterricht insbesondere Mathematik und Programmieren verbinden.

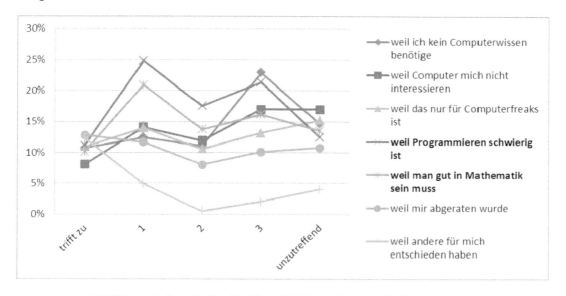

Abbildung 1: Gründe für die Nicht-Wahl von Informatik (in % der SuS)

Vorerfahrungen zu Programmiersprachen als Einflussfaktor für die Anwahl von Informatikkursen werden immer wieder diskutiert. SuS, die sich für wenig vertraut mit Programmiersprachen halten oder diesbezüglich keine Angaben machten, wählten zu über 60% Informatik nicht an (61% Jungen, 65% Mädchen). Geschlechtsspezifisch ist feststellbar, dass die Anzahl der männlichen Schüler (135), die Informatik trotz(!) ihrer geäußerten geringen Vertrautheit mit Programmiersprachen gewählt haben, fast dreimal so hoch ist, wie die Anzahl der Schülerinnen (50). SuS, die das Fach Informatik angewählt haben, geben an, dass sie sich für Computer und Informatik interessieren und dass sie programmieren wollen. Aufgrund dieser Aussagen kann man vermuten, dass die Schüler motiviert sind und dass ihre Ersterfahrungen in Bezug auf Informatik positiv sind.

Auch in Hinsicht auf die erwarteten Tätigkeiten im Informatikunterricht dominiert das Programmieren, die Verwendung von Office-Produkten wird etwas nachrangiger gesehen, wobei das Bearbeiten von Bildern und Videos erstaunlicherweise oft genannt wird (Abb. 2). Diese Daten wurden auch geschlechtsbezogen analysiert: Mädchen bevorzugen das Präsentieren mit Power Point, das Programmieren von Software, das Bearbeiten von Bildern und Videos. Jungen hingegen bevorzugen das Programmieren von Software gefolgt vom Arbeiten mit Tabellenkalkulation und Analysieren der Funktionsweise eines Computers. Hier ist zu erkennen, dass es geschlechtsspezifische Unterschiede gibt, welche bei der Planung des Unterrichts berücksichtigt werden könnten, so dass die Inhalte die Erwartungen der Mädchen und Jungen in einer Gruppe angenähert werden können.

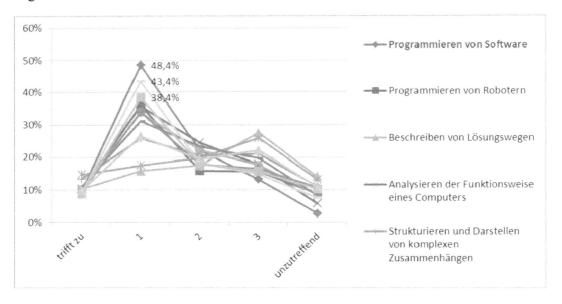

Abbildung 2: Erwartungen an den Informatikunterricht (in % der SuS)

SuS äußern signifikant, dass bei Ihrer Wahl die Inhalte des Faches wichtig waren, weniger die Fachlehrer oder die Zukunftsbedeutung. In späteren Untersuchungen wäre zu klären, woher die SuS die Inhalte kennen und wie gut sie diese einschätzen können, um beispielsweise die Auswirkung von Informationsveranstaltungen bezüglich der Fächerwahl zu analysieren.

Bei der Gestaltung des Unterrichts äußern SuS folgende Vorstellungen: Generell wünschen sie sich viel am Computer zu arbeiten (61%), viel in Kleingruppen zu arbeiten (42,3%) und eine langsame, verständliche Erläuterung der Inhalte (36%). Allerdings ergeben sich auch hier kleinere geschlechtsspezifische Unterschiede: Jungen geben eher an, dass sie kleinere Softwareprojekte realisieren möchten, während für Mädchen berufspraktische Beispiele eine höhere Relevanz haben.

7 Vorläufiges Fazit und Ausblick

Die Ergebnisse, die in diesem Artikel präsentiert werden, beziehen sich erst auf einige Daten der Erhebung. Eine endgültige Auswertung musste auf einen späteren Zeitpunkt verschoben werden. Unsere Studie führt zu einem präziseren Bild über die Einflussfaktoren bei der Wahl von Informatik als Wahlpflichtfach und gibt Hinweise zur Gestaltung einer Informatischen Bildung an den Schulen.

Interessant dürfte auch eine zukünftige Auswertung nach Schulformen oder eine schulspezifische sein. Viele neue Fragen stellten sich, die näher untersucht werden könnten. Auch sind ergänzende Untersuchungen erforderlich, da beispielsweise SuS den Begriff „erwarten" unterschiedlich interpretiert haben könnten (die geplanten Interviews mit einzelnen SuS zur Absicherung des Verständnisses der Fragen mussten leider entfallen).

Literaturverzeichnis

[B87]   Bund-Länder-Kommission für Bildungsplanung und Forschungsförderung (1987): Gesamtkonzept für die informationstechnische Bildung. Bonn (Materialien zur Bildungsplanung. Heft 16). Online verfügbar unter http://www.blk-bonn.de/papers/heft16.pdf, zuletzt geprüft am 17.04.2014.

[MS05] Magenheim, Johannes; Schulte, Carsten (2005): Erwartungen und Wahlverhalten von Schülerinnen und Schülern gegenüber dem Schulfach Informatik. In: Steffen Friedrich (Hg.): Unterrichtskonzepte für informatische Bildung. INFOS 2005, 11. GI-Fachtagung Informatik und Schule, 28. - 30. September 2005 an der TU Dresden. Fachtagung Informatik und Schule; Gesellschaft für Informatik; GI-Fachtagung Informatik und Schule; Infos 2005. Bonn: Ges. für Informatik (GI-Edition Proceedings, 60), S. 111–122.

[N11]   NRW: Das Schulwesen in NRW aus quantitativer Sicht. Amtliche Schuldaten zum Schuljahr 2011/12. Online verfügbar unter http://www.schulministerium.nrw.de/docs/bp/Ministerium/Service/Schulstatistik/Amtlic he-Schuldaten/StatUebers375-Quantita2011.pdf, zuletzt geprüft am 17.03.2014.

[RNG01] Richter, T.; Naumann, J. & Groeben, N.: Das Inventar zur Computerbildung (INCOBI): Ein Instrument zur Erfassung von Computer Literacy und computerbezogenen Einstellungen bei Studierenden der Geistes- und Sozialwissenschaften. Psychologie in Erziehung und Unterricht, 48, 2001; Seite 1-13.

Computational Thinking in Dutch Secondary Education: Teachers' Perspective

Extended abstract

Nataša Grgurina

University of Groningen
PO Box 800, 9700 AV Groningen
The Netherlands
n.grgurina@rug.nl

Erik Barendsen

Radboud University Nijmegen
and
Open Universiteit
PO Box 9010, 6500 GL Nijmegen
The Netherlands
e.barendsen@cs.ru.nl

Bert Zwaneveld

Open Universiteit
PO Box 2960, 6401 DL Heerlen
The Netherlands
g.zwaneveld@uu.nl

Klaas van Veen

University of Groningen
PO box 800, 9700 AV Groningen
The Netherlands
klaas.van.veen@rug.nl

In 2006, J.M. Wing introduced the term Computational Thinking (CT) [Wi06] indicating a set of analytical skills needed to employ IT techniques and tools effectively. As a part of the first phase of a larger research project where we investigate how to incorporate teaching CT into informatics course in the upper grades of secondary education in the Netherlands [Gr13], we conduct a study aimed at characterizing the present teaching practice around CT, including the pedagogical content knowledge (PCK) [Sh86] of informatics teachers together with their perceptions, beliefs and hindrances.

As a first step towards exploring these perceptions, beliefs and hindrances we analyze the data acquired in an questionnaire on informatics education. In November 2013, the Netherlands Institute for Curriculum development[1] held an online survey among informatics teachers, aimed at determining their enacted informatics curriculum and exploring their ideas about desired changes of it. Upon our request, a question on CT was added to the survey. We asked, "Do you think that CT gets enough attention in your current teaching practice, as far as it concerns the thought process and as far as it concerns the skills? If you answer in no, then what in your opinion causes the lack of it in your teaching practice?" We supplied a short description of CT: "Computational Thinking is a thought process in which one recognizes situations where data

---

[1] www.slo.nl

27

organization, data processing and data analysis can be employed effectively and at the same time posses the skills to formulate problems using IT concepts and solve these problems using IT techniques and tools." 178 teachers out of an estimated population of about 300 filled in the survey. Out of these 178 teachers, 79 answered 'no' to this question and proceeded to describe their reasons.

We made a qualitative analysis of their answers through several iterations. Originally we set out with four categories Magnusson uses to describe teachers' PCK about a particular topic to be taught: (1) goals and objectives, (2) students' understanding, (3) instructional strategy; and (4) assessment [MKB99]. In subsequent iterations we added new categories concerning external circumstances and conditions, curriculum aspects, policy, recommendations, teachers themselves and to our surprise, a rather large category indicating an alternative understanding of what CT is in the eyes of the teachers.

Our findings indicate that among the teachers who do not believe they pay enough attention to CT in their teaching practice, many believe the causes lie in the curriculum which does not prescribe teaching CT explicitly, inadequate teaching materials or their own inability to teach it effectively. The most interesting findings, however, are those indicating teachers' understanding of CT is not in line with the ideas of CSTA which suggest that CT can be taught to all students in K-12 at an appropriate level when embedded in an appropriate context [CSTA11]. Some of the teachers, for example, find CT to be too abstract and theoretical for 15-year old students, that there is not enough time during informatics lessons to teach CT, that there is no need to teach CT or that it is difficult to teach it because the IT policy of the school does not emphasize it.

After this first explorative pilot study, the next step in our research will be to interview a number of teachers to establish their PCK about CT problem solving skills through semi-structured interviews based on the Loughran's Content Representation (CoRe) [LMB04]. Since a number of teachers hold alternative views on the meaning of the notion of CT, we intend to supply them with an interpretation of CT based on the nine categories described by CSTA [CSTA11] and a refinement into 21 subcategories derived by Barendsen and Stoker through a preliminary analysis of teaching materials, see Table 1 [BS13].

Category	Subcategory
Data Collection	Collecting data Selecting relevant data
Data Analysis	Drawing conclusions Finding patterns Making sense of data
Data Representation	Arrange data for analysis Organize/represent data
Problem decomposition	Breaking down tasks Merging subtasks
Abstraction	Finding characteristics Creating models

Category	Subcategory
Algorithms & procedures	Making sequential steps in a specific order Understanding and changing algorithms Making decisions in algorithms Implementing algorithms
Automation	Recognizing different forms of automation Recognizing the advantages of automation
Simulation	Creating pseudo-code Creating models of processes Experimenting
Parallelization	Combine/merge activities

Table 1: Categories and subcategories of Computational Thinking

We intend to focus only on those (sub)categories which are directly related to problem solving. This study will yield a characterization of PCK of informatics teachers in Dutch secondary education concerning CT problem solving skills.

References

[BS13]   Barendsen, E., & Stoker, I. (2013). Computational thinking in CS teaching materials: A pilot study. *Proceedings of the 13th Koli Calling International Conference on Computing Education Research,* pp. 199-200.

[CSTA11] Computational Thinking Task Force. (2011). *Computational thinking teachers resources second edition.* Retrieved 10/16, 2013, from http://csta.acm.org/Curriculum/sub/CurrFiles/472.11CTTeacherResources_2ed-SP-vF.pdf

[Gr13]   Grgurina, N. (2013). Computational thinking in dutch secondary education. *Informatics in Schools: Local Proceedings of the 6th International Conference ISSEP 2013–Selected Papers,* pp. 119.

[LMB04] Loughran, J., Mulhall, P., & Berry, A. (2004). In search of pedagogical content knowledge in science: Developing ways of articulating and documenting professional practice. *Journal of Research in Science Teaching, 41*(4), 370-391.

[MKB99] Magnusson, S., Krajcik, J., & Borko, H. (1999). Nature, sources, and development of pedagogical content knowledge for science teaching. In J. Gess-Newsome, & N. G. Lederman (Eds.), *Examining pedagogical content knowledge* (pp. 95-132) Kluwer.

[Sh86]   Shulman, L. S. (1986). Those who understand: Knowledge growth in teaching. *Educational Researcher, 15*(2), 4-14.

[Wi06]   Wing, J. M. (2006). Computational thinking. *Communications of the ACM, 49*(3), 33-35.

»Informatiktricks«
Erstaunliche Phänomene und ihre Erklärung mit Hilfe der Informatik

Dorothee Müller
Dorothee.Mueller(at)math.uni-wuppertal.de
Didaktik der Informatik
Bergische Universität Wuppertal

Abstract: Innerhalb der Unterrichtsmaterialien, die unabhängig von Informatiksystemen zur Beschäftigung mit Informatik anregen, gibt es einige, die zugleich Zaubertricks sind oder diesen ähneln. Der Beitrag fasst diese unter dem Begriff *Informatiktricks* zusammen.

Informatiktricks sind Phänomene, die informatische Strukturen oder Ideen beinhalten oder zu informatischem Denken auffordern. Das fachdidaktische Potenzial von Informatiktricks wird analysiert und anhand von zwei Beispielen illustriert. Vor dem Hintergrund der Diskussion über Möglichkeiten und Grenzen des phänomenorientierten Unterrichts werden Anforderungen an die Unterrichtsgestaltung mit Informatiktricks entwickelt.

1 Einleitung

In der Informatikdidaktik begegnen uns zahlreiche Unterrichtsmaterialien die keinen offensichtlichen Bezug zu Informatiksystemen haben. Einige von ihnen bieten einen verblüffenden und zunächst unerklärlichen Effekt und fordern zum Enträtseln heraus. Der verblüffende Effekt kann mit Hilfe von Mitteln der Informatik erklärt werden oder/und die Materialien veranschaulichen informatische Strukturen.

Einige Beispiele aus dieser Materialgruppe sollen vorab genannt werden. Der Bezug zur Magie wird teilweise ausdrücklich hergestellt. Unter dem Titel »The Magic of Computer Science« wurden von der School of Electronic Engineering and Computer Science der Queen Mary University of London zwei Sammlungen von Kartentricks mit Bezug zur Informatik herausgegeben [MCB08, MCB09]. Von Ulrich Kiesmüller wurden sie für den deutschsprachigen Raum als »Magische Informatik« [Kie11] adaptiert. Auch Andreas Schwill stellt in der LOG IN unter dem Titel »Zahlenmagie« und mit der Bildunterschrift »Ein Zaubertrick motiviert zur Beschäftigung mit binären Zahlensystemen« Unterrichtsmaterial vor [Sch09, S. 40]: Mit Hilfe von sechs »Binärkarten«, die jeweils diejenigen Zahlen zwischen 1 und 63 zeigen, bei denen in der Binärdarstellung der Zahl das entsprechende Bit, $2^0, 2^1, \ldots$ oder 2^5, gesetzt ist, kann eine gedachte Zahl »erraten« werden. Auch manche der in Computer-Science-Unplugged vorgestellten Materialien können als Zaubertricks mit informatischem Hintergrund verstanden werden. Der weiter unten als Beispiel ausführlicher beschriebene Trick zum Paritätsbit wird dort entsprechend als »Magic Trick« [BWF10, S. 32] bezeichnet. Die Aufzählung von zaubertrickähnlichen Materialien für den Informatikunterricht ist fortsetzbar.

2 Zuordnung zum phänomenorientierten Unterricht

Informatiktricks sollen als zaubertrickähnliche Phänomene, die mit Mitteln der Informatik erklärbar sind oder die Prinzipien und Strukturen der Informatik veranschaulichen, definiert werden. Sie sind dem phänomenorientierten Informatikunterricht zuzuordnen. Zunächst wird der Begriff des Phänomens geklärt und in den Zusammenhang des phänomenorientierten Unterrichts eingeordnet.

2.1 Der Phänomenbegriff und der phänomenorientierte Unterricht

Sprachlich kommt **der Begriff Phänomen** aus dem Griechischen, $\varphi\alpha\iota\nu\acute{o}\mu\epsilon\nu o\nu$, mit der Bedeutung des »Ans-Licht-Kommenden«, des »Sich-Zeigenden« und auch des »den Sinnen Erscheinenden« (vgl. [RG89, Bd. 7, S. 462]). Der Terminus wird im Laufe seiner Geschichte von der Antike bis heute und in unterschiedlichen wissenschaftlichen Kontexten mit verschiedenen Bedeutungen benutzt [RG89, S. 463–483]. Relevant in dem hier thematisierten Zusammenhang von Phänomen im (Informatik-)Unterricht sind jedoch nur zwei Ausprägungen des Phänomenbegriffs:

- Erstens wird Phänomen hier in seiner aktuellen *alltagssprachlichen Bedeutung* benutzt. Unter Phänomen versteht man alltagssprachlich das »in sinnlicher Anschauung unmittelbar Gegebene, Sich-Zeigende« oder im Besonderen eine *»außergewöhnliche Erscheinung«* [Reh89, S. 471].
- Zweitens hat der Phänomenbegriff, wie er von Martin Wagenschein gebraucht wurde, Einfluss auf das Konzept des phänomenorientierten Informatikunterrichts. Wagenschein befindet sich in der empirischen Tradition des post-platonischen Forschungsprinzips der »Rettung der Phänomene«.

In der Didaktik der naturwissenschaftlichen Fächer, vor allem in der Physikdidaktik, wird eine langwährende Diskussion um den **phänomenorientierten Unterricht** geführt. »Rettet die Phänomene!« appelliert Martin Wagenschein 1976 [Wag76]. Wagenscheins Argumentation gründet forschungstheoretisch auf dem antiken, post-platonischen Forschungsprinzip der »Rettung der Phänomene«, das sich gegen die Definitionspraxis der Metaphysik wendet. Im Sinne des in dieser Tradition stehenden klassischen Empirismus wird »der phänomenale Bereich des sinnlich Gegebenen als die einzige Grundlage naturwissenschaftlicher [. . .] Erkenntnis« [Reh89, S. 471] gesehen. In diesem Theoriekontext kritisiert Martin Wagenschein einen zu theorie- und modelllastigen Physikunterricht und plädiert stattdessen für einen phänomenorientierten Unterricht. Dabei geht Wagenschein so weit, den Vorrang und die ständige Präsenz der Phänomene im Physikunterricht zu fordern (vgl. [Wag76, S. 83]). Sein einflussreicher Appell führte zur Entwicklung von phänomenorientierten Unterrichtskonzepten, aber auch zu Kritik, die auf Grenzen und Gefahren eines einseitig phänomenorientierten Unterrichts hinweist. So hinterfragt Muckenfuß in »Retten uns die Phänomene?« dieses Unterrichtskonzept. Er betont, dass der naturwissenschaftliche Unterricht über die Beobachtung und Interpretation von Phänomenen hinausgehen muss. Dazu gehört auch die Frage, »wie die Ideenwelt der Wissenschaft entsteht, und wie sie sich zur Welt der naturgegebenen Phänomene verhält« [Muc01, S. 77]. Muckenfuß räumt ein, dass Wagenschein in der überarbeiteten und erweiterten Fassung seiner Thesen dem Gedanken der physikalischen Denkwelt Rechnung trägt: »Das Feld der Schule ist der Weg zwischen den Phänomenen und der physikalischen Denkwelt, hin und auch immer wieder zurück« [Wag76, S. 84]. Die Phänomenbeobachtung und -analyse im Unterricht muss zu einer Theoriebildung (»Denkwelt«) führen, die wiederum auf die Phänomene anzuwenden ist.

2.2 Phänomenorientierter Informatikunterricht

Dass Erscheinungen - oder Phänomenen - der Natur ein prominenter Platz im naturwissenschaftlichen Unterricht zukommt und dass die Konfrontation mit entsprechenden Phänomenen Schüler zur Beschäftigung mit den Unterrichtsgegenständen motivieren kann, bestreiten auch Kritiker des phänomenorientierten Unterrichts nicht. Im Informatikunterricht dagegen begegnen uns kaum Naturphänomene. Dennoch spielen auch im Informatikunterricht Phänomene eine Rolle – und zwar nicht nur indirekt, indem Informatik für das Analysieren von naturwissenschaftlichen Phänomenen eingesetzt wird, sondern darüber hinaus können informatische Phänomene selbst Gegenstand des Informatikunterrichts sein. Gegenstände sind hier nicht Naturphänomene, sondern von Menschen zu einem bestimmten Zweck konstruierte und realisierte informatische Phänomene. Humbert und Puhlmann unterscheiden drei Arten von Phänomenen der Informatik [HP04, S. 69]:

1. »Phenomena that are directly related to informatics systems.«
2. »Phenomena that are indirectly linked with informatics systems.«
3. »Phenomena that are not connected to informatics systems but have an inherent informatical structure or suggest informatical reasoning.«

Der phänomenorientierte Informatikunterricht ist nach Humbert und Puhlmann besonders geeignet, die informatische Allgemeinbildung zu befördern. Er kann die Schülerinnen und Schüler befähigen, die Phänomene der Informatik, das heißt die Erscheinungen und Folgen der Informatik im Alltag, die nicht unbedingt auf den ersten Blick als solche erkannt werden, zu erklären und zu verstehen[1].

Diethelm und Dröge stellen eine Beziehung zwischen dem kontextorientierten und dem phänomenorientierten Informatikunterricht her. Einschränkend zu der von Humbert und Puhlmann gegebenen Kategorisierung definieren sie ein informatisches Phänomen als »ein Ereignis, das durch automatisierte Informationsverarbeitung verursacht wird und im realen oder mentalen Handlungsfeld der Schüler stattfindet« [DD11, S. 74]. Es werden damit die informatischen Phänomene nicht betrachtet, die zwar keine Verbindung zu Informatiksystemen haben, aber eine inhärente informatische Struktur aufweisen oder informatisches Denken fordern, also die dritte Kategorie der informatischen Phänomene nach der Definition von Humbert und Puhlmann. Diese Kategorie der informatischen Phänomene öffnet dem Informatikunterricht Bereiche jenseits der Rechnerorientierung. Die Informatik hat Strukturen, (Problemlöse-)Methoden und Hilfsmittel entwickelt, die nicht nur in Bezug auf Informatiksysteme hilfreich sein können. In diesen Zusammenhang ist auch das von Jeannette M. Wing propagierte »Computational Thinking« zu stellen. Unter *Computational Thinking* versteht Wing eine Basisfähigkeit, die nicht nur Informatiker, sondern die jeder beherrschen soll[2](vgl. [Win06]) und die befähigt, mit den Mitteln des informatischen Denkens die verschiedensten Probleme zu lösen, die nicht auf den ersten Blick mit Informatik in Bezug gesetzt werden.

2.3 Informatiktricks als informatische Phänomene

Der Begriff *Informatiktricks* setzt sich aus *Informatik* und *Tricks* – angelehnt an Zaubertricks – zusammen. Ein Zaubertrick ist etwas, das den Sinnen der Zuschauer dargeboten wird, also etwas »den Sinnen Erscheinende« [RG89, Bd. 7, S. 462]. Er zeigt etwas Unerwartetes und zunächst Unerklärliches, ist also eine »außergewöhnliche Erscheinung« [Reh89, S. 471] und damit ein Phänomen im Sinne der obigen Definition. Bei den hier thematisierten Informatiktricks sind die ersten beiden Kategorien von Phänomenen der Informatik, die einen Bezug zu Informatiksystemen voraussetzen, nur bedingt relevant. Der Bezug zur Informatik besteht hier im Allgemeinen weder direkt über die bewusste Nutzung eines Informatiksystems (Art 1) noch durch die eher indirekte Beziehung zu Informatiksystemen (Art 2). Jedoch in die dritte Art von Phänomenen der Informatik können die Informatiktricks eingeordnet werden. Bei Phänomenen dieser Art treten zwar Informatiksysteme nicht direkt in Erscheinung, sie beinhalten aber informatische Strukturen oder/und legen informatisches Denken nahe. Eine Verbindung der Tricks zur Informatik ist für den Nichtinformatiker auf den ersten Blick meist nicht erkennbar. Dennoch kann man im Sinne des phänomenorientierten Informatikunterrichts von informatischen Phänomenen sprechen. Zu einem Phänomen der Informatik der dritten Kategorie werden die

---

[1]»[...] to explain and understand what we call the phenomena of informatics, i. e. the appearances and consequences of informatics in every day life which need not necessarily be labelled as such at first glance« [HP04, S. 65].

[2]»[...] a fundamental skill for everyone, not just for computer scientists« .

Tricks durch ihre Erklärung, bei der Strukturen und Verfahren der Informatik grundlegend sind.

3 Informatiktricks im phänomenorientierten Informatikunterricht

3.1 Beispiele

Bevor das Potenzial und die Grenzen des Unterrichtseinsatzes von Informatiktricks betrachtet werden und daraus erste Anforderungen abgeleitet werden können, sollen zwei Beispiele Informatiktricks im Unterricht illustrieren.

Beispiel 1: Informatiktrick – Änderung erkennen
(Material: Magnetplättchen mit unterschiedlich farbigen Seiten, magnetische Tafel)

Schritt 1
Der den Trick Durchführende lässt von einem unbeteiligten Zuschauer an eine Tafel Magnetplättchen mit verschiedenfarbigen Seiten (hier grau und schwarz) als ein z. B. 5×5 großes Feld anheften. Der Zuschauer entscheidet, welche Seite jeweils sichtbar ist, so dass ein von dem Durchführenden nicht beeinflusstes Muster entsteht.

Schritt 2
Der Durchführende behauptet, immer erkennen zu können, welches Plättchen – von ihm unbeobachtet – umgedreht wurde und damit eine andere Farbe zeigt. Unter dem Vorwand der Erhöhung des Schwierigkeitsgrads erweitert er zunächst das Feld scheinbar zufällig um eine Zeile (hier unten) und eine Spalte (hier rechts) so, dass nun in jeder Zeile und jeder Spalte eine gerade Anzahl von schwarzen Plättchen ist.

Schritt 3
Der Vorführende dreht sich weg oder verlässt der Raum. Nun dreht ein Zuschauer von ihm unbeobachtet ein beliebiges Plättchen um. Anschließend kann der Vorführende das umgedrehte Plättchen benennen. Es befindet sich dort, wo sich die Zeile und die Spalte mit jeweils ungerader Anzahl von schwarzen Plättchen kreuzen.

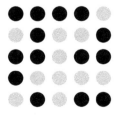 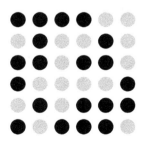 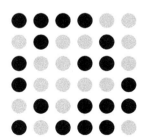

Jede Zeile bzw. Spalte besteht aus Plättchen in zwei verschiedenen Farben und entspricht einer Folge von Bits, die jeweils einen der zwei möglichen Werte 0 oder 1 haben. Das an jede Zeile und Spalte jeweils hinzugefügte Plättchen erfüllt die Funktion eines Paritätsbits und seine sichtbare Seite wird entsprechend gewählt: Das hinzugefügte Plättchen ergänzt die Zeile bzw. Spalte wie vereinbart zur geraden oder ungeraden Parität. Fehler können mithilfe dieses Zusatzplättchens (Paritätsbits) erkannt und behoben werden.

Bei diesem Beispiel, einem Informatiktrick aus Computer-Science-Unplugged [BWF10, S. 37-39], werden in den Materialien Vorschläge gemacht, wie die Schülerinnen und Schüler in Partnerarbeit die Lösung selbst erarbeiten können und welche weiterführenden Fragen das Thema Paritätsbit tiefer erschließen.

Als anregende Fragen könnte z. B. bei diesem Informatiktrick zum Paritätsbit erarbeitet werden, ob und wann mehrere gleichzeitige Änderungen bemerkt werden, und, ob und in welchen Fällen diese dann korrigierbar sind. Auf das Prinzip des Binärsystems verweist die Frage, ob auch mit anderen Gegenständen der Trick nachstellbar ist. Die Lehrkraft stellt den Bezug zur automatischen Datenverarbeitung her, indem sie über den Einsatz von Paritätsbits bei der Datenübermittlung und -speicherung informiert. So können Schülerinnen und Schüler am Beispiel des Paritätsbits Möglichkeiten und Grenzen eines informatischen Verfahrens erarbeiten. Auch weitere Einsatzmöglichkeiten von Prüfziffern wie z. B. bei der ISDN-Nummer oder beim Strichcode können thematisiert werden.

Während der Paritätsbit-Trick, wenn er nicht sogleich verraten werden soll, von zumindest einer eingeweihten Person zunächst vorgeführt werden muss, können andere Tricks direkt von den Schülerinnen und Schülern ausgeführt werden. Die Durchführungsanweisung kann als Algorithmus mit dem vorbereiteten Material an die Schülerinnen und Schüler gegeben werden. Dabei kann auch der Algorithmusbegriff eingeführt oder vertieft werden.

Dieses Verfahren kann mit dem folgenden Trick verdeutlicht werden:

Beispiel 2: Anweisung Kartentrick – ein gleiches Paar bleibt übrig
(Material: je Schüler oder Schülerin 4 Paare gleicher Karten)

1. – Du hast vier Kartenpaare.
    – Bilde zwei gleiche Kartenfolgen.
    – Lege sie verdeckt als Stapel aufeinander.

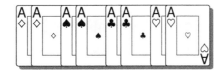 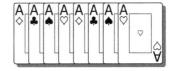 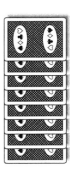

2. Hebe beliebig oft ab.

3. Hebe die oberste Karte ab und lege sie verdeckt links neben den Stapel.
4. Hebe die beiden oberen Karten vom Stapel ab und schiebe sie zusammen irgendwo zwischen die Karten des Reststapels.
5. Schiebe die zur Seite gelegte Karte irgendwo zwischen die Karten deines Stapels.
6. Hebe wieder die oberste Karte ab und lege sie verdeckt links neben den Stapel.
7. Wiederhole das Folgende bis nur noch eine Karte übrig ist: Hebe die oberste Karte ab und schiebe sie unter den Stapel, lege dann die nun oberste Karte nach rechts weg.
8. Decke die schließlich übrige Karte und die links zur Seite gelegte Karte auf. Was beobachtest du?

→ Die beiden übrigen Karten sind immer gleich.

Dieser Trick kann wie viele andere Informatiktricks von jeder Schülerin und jedem Schüler gleichzeitig ausgeführt werden, so dass die aktive Beschäftigung mit dem Unterrichtsgegenstand für alle Schülerinnen und Schüler gegeben ist und zugleich der Überraschungseffekt des Tricks erlebt werden kann. Die Anweisung, schriftlich zur Verfügung gestellt oder vorgelesen, führt als Algorithmus ausgeführt bei einer bestimmten Eingabe – zwei aufeinander gestapelte gleiche Kartenfolgen – zu einer bestimmten Ausgabe – einem Paar gleicher Karten. Auch die anderen Kriterien des Algorithmusbegriffs treffen auf die Anweisung zu und können an diesem oder an anderen Informatiktricks erarbeitet werden. Weitere informatische Gegenstände, die bei der Enträtselung dieses Tricks angesprochen werden, sind Datenstrukturen wie Stapel (stack), Warteschlange (queue) und Ringpuffer (ring buffer).

An dieser Stelle sollen keine Unterrichtseinheiten für die Tricks vorgestellt werden, sondern es werden Anforderungen an die Unterrichtsgestaltung mit Informatiktricks entwickelt.

3.2 Potenzial und Grenzen des Unterrichtseinsatzes von Informatiktricks

Bei den hier als Informatiktricks bezeichneten Materialien wird von Didaktikern meist die hohe **Motivationswirkung** positiv hervorgehoben. Das zunächst Unerklärliche fordert zum Enträtseln heraus. Die Anregung zur eigenständigen Beschäftigung mit dem Trick, zu seiner Analyse ist den Informatiktricks inhärent.

Eine weitere didaktische Stärke des Unterrichtseinsatzes von Informatiktricks liegt darin, dass der Blick der Schülerinnen und Schüler für informatische Ideen und Strukturen in ihrer Umwelt geschult wird und dass so ihr Bild der Informatik erweitert wird. Informatiktricks führen zunächst ein rätselartiges Problem vor. Dadurch wecken sie bei den Schülerinnen und Schülern eine hohe Motivation zur eigenständigen Lösung des Rätsels. Die Informatiktricks weisen keinen offensichtlichen Bezug zu Informatiksystemen oder zur Informatik im Allgemeinen auf. Bei den meisten Informatiktricks wird den Schülerinnen und Schülern – wie bei den obigen Beispielen – erst bei der Analyse der Tricks im Laufe des Unterrichts bewusst, dass Ideen, Strukturen und/oder Methoden der Informatik in diesen Tricks zum Tragen kommen. Die Informatik wird als Strukturwissenschaft, die zur Lösung verschiedener Aufgaben die Mittel zur Verfügung stellen kann, erkannt. Dadurch, dass diese Verbindung zur Informatik erst von den Schülerinnen und Schülern selbst rekonstruiert werden muss, üben sie die **Perspektive des informatischen Denkens** im Sinne von »Computational Thinking« gegenüber Gegenständen und Problemen, die nicht zur Informatik zu gehören scheinen.

Die vielfältigen Tricks arbeiten mit verschiedenen Materialien und können von den Schülerinnen und Schülern selbst erprobt werden. Die weitgehend selbstständige Dekonstruktion des Tricks bis hin zum Erkennen seiner Funktion und der Möglichkeit der Rekonstruktion des Tricks durch die Schülerinnen und Schüler schafft die Möglichkeit eines weitgehend **selbstständigen Erforschens** und des **Lernens mit vielen Sinnen**.

Doch die Faszination, die von den Informatiktricks ausgeht, kann auch, statt zur Lernmotivation zu einer passiv-rezeptiven Haltung der Schülerinnen und Schüler führen, so dass der Unterricht als (Zauber-)Vorführung aufgefasst wird. Die Präsentation eines Tricks durch die Lehrkraft und eine anschließende Auflösung des Rätselhaften durch Erklärung als Vortrag, erlaubt kein selbstständiges Forschen und Arbeiten. Der Bezug zur Informatik wird nur als kurioses Detail wahrgenommenen.

Die De- und Rekonstruktion der Tricks durch die Schülerinnen und Schüler ist daher aus informatikdidaktischer Sicht der entscheidende Anteil des Einsatzes dieser Materialien. Der Unterricht ist so zu gestalten, dass die Schülerinnen und Schüler eigene Theorien zu der Funktionsweise der Tricks entwickeln und sich darüber austauschen. Dabei darf nicht bei der Beobachtung und Enträtselung verharrt werden, sondern in Anlehnung an die oben zitierten Worte Wagenscheins gilt: Entscheidend für das Gelingen des phänomenorientierten Informatikunterrichts ist der Weg zwischen den Phänomenen und der informatischen Denkwelt – hin und auch immer wieder zurück. Es ist also notwendig, dass der Bezug zu informatischen Ideen, Methoden und Verfahren nicht nur benannt, sondern erarbeitet wird. Dabei lernen die Schülerinnen und Schüler im Sinn des phänomenorientierten Unterrichts »miteinander zu sprechen und nur zur Sache; alles zu sagen, was sie denken, und alles zu denken, was sie sagen« [Wag76, S. 76].

3.3 Anforderungen an einen Unterrichtseinsatz von Informatiktricks

Aus den Betrachtungen über Potenzial und Grenzen des Unterrichtseinsatzes von Informatiktricks ergeben sich erste Anforderungen.

- Ausgangpunkt ist die De- und Rekonstruktion des Informatiktricks durch die Schülerinnen und Schüler und keine Zauber-Vorführung durch den Lehrer.
- Der Trick wird möglichst nicht von dem Lehrer vorgeführt, sondern von einem ein-

geweihten Schüler/einer eingeweihten Schülerin.

- Der Trick kann als Algorithmus zur ersten Ausführung an die Schülerinnen und Schüler gegeben werden.
- Die Schülerinnen und Schüler erproben die Durchführung des Tricks.
- Die Schülerinnen und Schüler finden für den Informatiktrick eigene Erklärungsmöglichkeiten und kommunizieren über sie.
- Der Bezug zur Denkwelt der Informatik muss nicht nur erwähnt, sondern durch Erarbeitung oder Anschauung hergestellt werden.
- Die Schülerinnen und Schüler beschäftigen sich von dem Informatiktrick ausgehend mit weiterführenden Fragen oder/und entwickeln diese.
- Die Kommunikation über den Informatiktrick führt zur Kommunikation über informatische Themen mit der informatischen Fachsprache.

Es ist geplant, im Rahmen einer fachdidaktischen Arbeit diese Anforderungen im konkreten Unterricht zu überprüfen und sie zu modifizieren. Ziel ist es, auf der Grundlage dieser Überlegungen ein detailliertes Konzept zum Einsatz von Informatiktricks im Informatikunterricht zu entwickeln.

4 Zusammenfassung und Ausblick

Informatiktricks gehören nicht zur praktischen Alltagswelt der Schülerinnen und Schüler, und ihr Bezug zur Informatik ist meistens nicht auf den ersten Blick sichtbar. Gerade deshalb können Informatiktricks den Blick der Schülerinnen und Schüler dafür öffnen, dass viele, auch nicht informatische, Aufgaben und Probleme mit Mitteln der Informatik lösbar sind. Die Faszination der Informatiktricks kann die Schülerinnen und Schüler zu einer intensiven, selbstständigen Arbeit anregen. Bei didaktisch unbedachtem Einsatz kann diese Faszination jedoch eine passiv-rezeptive Unterrichtshaltung der Schülerinnen und Schüler fördern.

Daher ist der Unterrichtseinsatz von Informatiktricks so zu gestalten, dass er den Zugang zur Ideenwelt der Informatik öffnet und gleichzeitig beobachtbare informatische Phänomene zugänglich macht. Dazu ist dieses Unterrichtsmaterial in hohem Maß geeignet. Um dieses Potenzial auszuschöpfen, sollen zu Gegenständen des Informatikunterrichts vorhandene Informatiktricks gesammelt und modifiziert werden und darüber hinaus neue erstellt werden. Zugleich sollen Unterrichtsideen entwickelt werden, die einen reflektierten Einsatz von Informatiktricks im Unterricht unterstützen.

Literatur

[BWF10]   Tim Bell, Ian H. Witten und Mike Fellows. Computer Science Unplugged – An enrich-
          ment an extension programme for primary-aged children, March 2010.

[DD11]   Ira Diethelm und Christina Dröge. Zur Diskussion von Kontexten und Phänomenen in
          der Informatikdidaktik. In Marco Thomas, Hrsg., *Informatik und Schule – Informatik für
          Bildung und Beruf – INFOS 2011 – 14. GI-Fachtagung 12.–15. September 2011, Münster*,
          number P 189 in GI-Edition – Lecture Notes in Informatics – Proceedings, Seiten 67–76,
          Bonn, September 2011. Gesellschaft für Informatik, Köllen Druck + Verlag GmbH.

[HP04]   Ludger Humbert und Hermann Puhlmann. Essential Ingredients of Literacy in Infor-
          matics. In Johannes Magenheim und Sigrid Schubert, Hrsg., *Informatics and Student
          Assessment. Concepts of Empirical Research and Standardisation of Measurement in the
          Area of Didactics of Informatics*, Jgg. 1 of *GI-Edition – Lecture Notes in Informatics
          (LNI) – Seminars*, Seiten 65–76, Bonn, September 2004. Dagstuhl-Seminar of the Ger-
          man Informatics Society (GI) 19.–24. September 2004, Köllen Druck+Verlag GmbH.

[Kie11]   Ulrich Kiesmüller. Magische Informatik – Einsatzmöglichkeiten im Informatikunterricht.
          In Michael Weigend, Marco Thomas und Frank Otte, Hrsg., *Informatik mit Kopf, Herz
          und Hand – Praxisbeiträge zur 14. GI-Fachtagung Informatik und Schule(INFOS 2011)*,
          Seiten 334–342, Münster, 2011. ZfL-Verlag.

[MCB08]   Peter McOwan, Paul Curzon und Jonathan Black. The Magic of Computer Science –
          Card Tricks Spezial or A plethora of pasteboard paradoxes purporting the principles of
          Computer Science, 2008.

[MCB09]   Peter McOwan, Paul Curzon und Jonathan Black. The Magic of Computer Science II –
          Now we have your attention... A medley of magnificently magical marvels mischievously
          manipulating mind mistakes, 2009.

[Muc01]   Heinz Muckenfuß. Retten uns die Phänomene? Anmerkungen zum Verhältnis von Wahr-
          nehmung und Theorie. *Naturwissenschaften im Unterricht. Physik*, 12(63/64):74–77,
          2001.

[Reh89]   Theda Rehbock. Stichwort »Phänomen, Neuzeit«. In Joachim Ritter und Karlfried Grün-
          der, Hrsg., *Historisches Wörterbuch der Philosophie, Band 7*, Seiten 471–483, Basel,
          1989.

[RG89]   Joachim Ritter und Karlfried Gründer, Hrsg. *Historisches Wörterbuch der Philosophie,
          Band 7*. Basel, 1989.

[Sch09]   Andreas Schwill. Unterrichtshilfen Informatik. *LOG IN*, 29(160/161):34–40, 2009.

[Wag76]   Martin Wagenschein. Rettet die Phänomene! (Der Vorrang des Unmittelbaren). *Scheide-
          wege*, 6(1):76–93, 1976.

[Win06]   Jeannette M. Wing. Computational Thinking. *Communications of the ACM*, 49(3):33–35,
          2006.

Zdi.NRW – Unterrichtsgestaltung mit schul-externen Bildungspartnern

Klaus Trimborn

Ministerium für Schule und Weiterbildung des Landes Nordrhein-Westfalen Landeskoordinator für Zukunft durch Innovation.NRW des MIWF

zdi-Netzwerk IST.Bochum.NRW c/o Heinrich-von-Kleist-Schule Heinrichstr. 2 44805 Bochum ktrimborn@ist-bochum.de

Raphaela Meißner

Gemeinschaftsoffensive Zukunft durch Innovation.NRW Innovationzentrum Schule-Technik. Bochum.NRW

zdi-Netzwerk IST.Bochum.NRW c/o Heinrich-von-Kleist-Schule Heinrichstr. 2 44805 Bochum rmeissner@ist-bochum.de

Abstract: Die 42 zdi-Netzwerke in NRW haben u.a. die Aufgabe, schülertaugliche Angebote mit schul-externen Bildungspartnern aus Hochschulen und Unternehmen zu entwickeln. Insbesondere für das Schulfach Informatik sind mit dem zdi-Roboterwettbewerb und der SMIMS (in Kooperation mit der Bezirksregierung Münster) von der zdi-Landesgeschäftsstelle betriebene, überregionale Angebote entstanden. Darüber hinaus sind sehr viele regionale Angebote zur Informatik in den zdi-Zentren und zdi-Schülerlaboren entstanden. In diesem Beitrag werden die grundsätzliche Struktur und Aufgaben der zdi-Netzwerke, die gemeinsame Arbeit mit den Lehrkräften sowie exemplarische Beipiele für die Einbindung informationstechnischer Themenstellungen und Angebote vorgestellt.

1 Zukunft durch Innovation.NRW (zdi)

Zukunft durch Innovation.NRW (kurz: zdi) ist eine Gemeinschaftsoffensive zur Förderung des naturwissenschaftlich-technischen Nachwuchses in Nordrhein-Westfalen. Mit über 2.600 Partnern aus Wirtschaft, Wissenschaft, Schule, Politik und gesellschaftlichen Gruppen ist sie die größte ihrer Art in Europa. Im ganzen Land verteilt gibt es inzwischen 42 zdi-Zentren und 24 zdi-Schülerlabore. Hinzu kommen zahlreiche weitere Einrichtungen, die zdi-Aktivitäten umsetzen, darunter Lernwerkstätten an Grundschulen ebenso wie bekannte andere außerschulische Lernorte an Forschungseinrichtungen und Unternehmen. zdi wird auf Landesebene gleich von mehreren Ministerien (Wissenschaft, Schule und Wirtschaft) unterstützt; die Federführung liegt beim Wissenschaftsministerium. Die zdi-Geschäftsstelle berät und unterstützt die Zentren und Schülerlabore in ihrer Arbeit und koordiniert die Vergabe von Fördermitteln. zdi leistet mit seinen Angeboten zur Berufs- und Studienorientierung einen Beitrag zum Neuen Übergangssystem Schule Beruf (NÜS).

Die zdi-Partner, zu denen rund 25 Prozent aller weiterführenden Schulen sowie die Regionaldirektion der Bundesagentur für Arbeit gehören, bieten gemeinsame Maßnahmen entlang der gesamten Bildungskette vom Kindergarten bis zum Übergang in ein Studium und in den Beruf an. Aktuell werden über die zdi-Netzwerke jährlich rund 300.000 junge Menschen erreicht, davon etwa ein Drittel über eigene Maßnahmen der zdi-Zentren und zdi-Labore, der Rest über Maßnahmen, die von den zdi-Netzwerken und ihren Partnern koordiniert werden.

Die gemeinsamen Ziele der Partner lauten:

- Gewinnung von mehr jungen Menschen für ein MINT-Studium oder eine MINT-Ausbildung
- Dadurch: Langfristige Sicherung des MINT-Nachwuchses auf regionaler Ebene
- Frühzeitige Heranführung junger Menschen an gesellschaftlich relevante Themen über MINT-Zugänge, etwa zu den Themen Ressourcenschonung, Klimawandel, Energieversorgung und Armutsbekämpfung

Außerdem verfolgt zdi das Ziel, die Talente möglichst vieler junger Menschen zu fördern und so einen Beitrag zur Bildungsgerechtigkeit und Durchlässigkeit im Bildungssystem zu erreichen.

Es gibt bei zdi sowohl sehr unterrichtsnahe als auch deutlich davon unterscheidbare Angebote. Diese Vielfältigkeit ist ein großer Vorteil für die zdi-Arbeit und trägt dazu bei, möglichst viele Jugendliche und Kinder zu erreichen.

Darüber hinaus sollen viele zdi-Maßnahmen Ausbilderinnen und Ausbilder, Lehrkräfte, aber auch Hochschulen dabei unterstützen, ihre Arbeit noch attraktiver, abwechslungsreicher und praxisnäher zu gestalten.

Quelle: http://www.zdi-portal.de/netzwerk/das-ist-zdi/

Das Ministerium für Schule und Weiterbildung hat einen Landeskoordinator für die zdi-Netzwerke und zdi-Schülerlabore eingesetzt, der in schulrechtlichen und inhaltlichen Fragen als Ansprechpartner zur Verfügung steht.

In vielen zdi-Angeboten sind Kursangebote zur Informatik von besonderer Qualität.

2 zdi-Roboterwettbewerb

Freude am spielerischen Umgang mit Technik, Spaß an Roboterkursen und das Arbeiten im Team sind zentrale Botschaften der jährlich ausgetragenen zdi-Roboterwettbewerbe, die sich seit 2006 großer Beliebtheit erfreuen. Auch im Wettbewerb 2014 wird die 2013 erstmals umgesetzte Regionalisierung weiter fortgeführt. Dies bedeutet eine intensive Einbindung einzelner zdi-Netzwerke in die Organisation von Regionalwettbewerben. Beteiligt sind die Einrichtungen in Bochum, Bottrop, Duisburg, Oberberg (Gummersbach), Kamp-Lintfort, Marl, Meschede und Mülheim.

In der Kategorie Robot-Game (gemischte Teams) stehen 130 Startplätze, in der Mädchenkategorie Robot-Performance 40 Plätze zur Verfügung. Teilnahmeberechtigt sind alle Schulen in NRW. Mitmachen dürfen Schülerinnen und Schüler im Alter von 10 bis 16 Jahren. Nicht startberechtigt in der Kategorie Robot-Game sind Teams, die am Wettbewerb 2013 der FIRST® LEGO® League (FLL) teilgenommen haben. Eine Schule darf maximal ein Team in jeder Kategorie anmelden. Falls nach dem Anmeldeschluss am 22. Januar noch freie Startplätze in der Kategorie Robot-Performance zur Verfügung stehen, erhalten interessierte Schulen die Möglichkeit, weitere Teams anzumelden. Für die Teilnahme wird eine Gebühr in Höhe von 100,- Euro (inkl. Versand der Spielmatten) zzgl. MwSt. je Team erhoben.

Robot-Game

Das Motto des Wettbewerbs 2014 heißt „Nature´s Fury ". Die von den Teams selbst programmierten LEGO Mindstorms®-Roboter müssen Aufgaben rund um Themen wie Stürme, Erdbeben, Wellen und andere Naturkatastrophen lösen.

Robot-Performance

Im Mädchenwettbewerb entwickeln die mitmachenden Teams eine eigene Choreographie zu einer spannenden Geschichte. Erstmals wird mit dem Thema „Klimawandel" dafür ein Rahmen vorgegeben. Die Mädchen gestalten für ihren Auftritt eine eigene kleine Bühne und programmieren für ihre Roboter eine Tanz-Performance, die mit Musik unterlegt ist. Darüber hinaus muss das Team einen kleinen Vortrag über die Entstehung der Aufführung halten. Da es in diesem Jahr erstmals ein Thema gibt, hat das zdi-Roboterteam ein paar Ideen und Hintergründe zum Klimawandel zusammengestellt. Die Informationen sind als Anregung zu verstehen und gelten nicht als verbindliche Regeln.

Quelle: http://www.zdi-portal.de/wettbewerbe/zdi-roboterwettbewerb/

Auch für das Jahr 2015 ist eine neue Runde dieses Wettbewerbs geplant.

3 SMIMS - Schülerakademie Mathematik und Informatik Münster für Talente aus NRW

Seit dem Jahr 2001 findet in Münster alljährlich nach den Sommerferien die Schülerakademie Mathematik und Informatik Münster – kurz SMIMS – statt. Schülerinnen und Schüler aus ganz NRW, die hervorragend in den Fächern Mathe und Informatik sind, können sich um eine Teilnahme bewerben. Sie werden dann eingeladen, um eine Woche lang zusammen an Mathe- und Informatik-Projekten zu arbeiten und dabei Themen kennenzulernen, die im normalen Schulalltag nicht vertieft werden können. Organisiert wird die SMIMS von der Bezirksregierung Münster im Auftrag des Schulministeriums NRW.

Rückblick 2013

In diesem Jahr fand die Schülerakademie vom 23. bis 27. September 2013 statt. Die Jugendlichen wurden dafür vom Schulunterricht befreit, um gemeinsam im Aasee-Gästehaus in Münster zu leben und zu arbeiten. Insgesamt konnten 100 Schülerinnen und Schüler an der SMIMS teilnehmen. Sie erhielten Gelegenheit, außerhalb des Unterrichts gemeinsam den eigenen Neigungen und Fähigkeiten nachzugehen und dabei den Horizont der bisherigen Erfahrungen zu erweitern. Sie konnten ihre fachlichen Fähigkeiten und ihre Kreativität an anspruchsvollen Fragen erproben und weiterentwickeln. Durch die Begegnung mit unterschiedlichen Gebieten der Mathematik und Informatik und die Arbeit mit Gleichgesinnten gewannen sie neue Perspektiven für die eigene private und berufliche Entwicklung.

Jugendliche treffen Unternehmen

Um den Jugendlichen einen tieferen Einblick in Ausbildungen und Berufe zu gewähren, wurde in Kooperation mit der Gemeinschaftsoffensive Zukunft durch Innovation (zdi) ein Treffen mit Unternehmen organisiert, die hochbegabte Talente aus den Bereichen Mathematik und Informatik fördern und fordern. Einen Nachmittag lang hatten die Schülerinnen und Schüler Gelegenheit, insgesamt fünf Firmen näher kennenzulernen. Für etwa die Hälfte der Jugendlichen bot sich sogar die Chance, sich bei einem kurzen Vorstellunggespräch (Speed-Dating) einem der Unternehmen zu präsentieren. Die Vertreter der Firmen gaben hinterher ein Feedback zu dieser Bewerbung.

In diesem Jahr haben sich folgende Unternehmen für das Speed-Dating gewinnen lassen: das Medienunternehmen Bertelsmann, der Bankendienstleister GAD, der Finanzdienstleister ZEB, das Elektrotechnik-Unternehmen Phoenix Contact und der Entwicklungsdienstleister IMST.

Unternehmen sichten Talente

Die Unternehmen hatten die Möglichkeit, besonders talentierte Schülerinnen und Schüler aus ganz NRW in Augenschein zu nehmen. Die Gespräche mit den jungen Talenten in eher familiärer Atmosphäre ermöglichte es ihnen, sich frühzeitig um geeigneten Nachwuchs zu bemühen und damit dem drohenden Fachkräftemangel entgegen zu wirken.

Hochschulen kennenlernen

Da sich viele der Jugendlichen auch für ein Studium interessieren, haben sich in der Woche ebenfalls einige Universitäten und Fachhochschulen aus Nordrhein-Westfalen vorgestellt. Vertreter der Lehrstühle Mathematik und Informatik erklärten an einem Nachmittag, wie das Studium strukturiert ist und welche Studiengänge der jeweilige Lehrstuhl anbietet. Auch hier hatten die Jugendlichen die Möglichkeit, Fragen zu stellen und sich ausführlich zu informieren.

Vorgestellt haben sich die Westfälische Hochschule Gelsenkirchen, die Technische Universität Dortmund, die RWTH Aachen und die Westfälische Wilhelms-Universität Münster.

Quelle: http://www.zdi-portal.de/wettbewerbe/smims/

Im Jahr 2014 findet die SMIMS wieder vom 01.09 bis zum 05.09.2013 im Jugendgästehaus am Aasee statt.

4 Angebotsübersicht zdi-Schülerlabore

In der folgenden Darstellung sind Angebote zur Informatik einiger Schülerlabore kurz dargestellt. Hier empfiehlt sich bei Interesse, das entsprechende Webportal der verschiedenen zdi-Schülerlabore zu besuchen. Zu finden sind die Webadressen unter http://www.zdi-portal.de/netzwerk/zdi-schuelerlabore/.

Aachen

Im Bereich der RWTH Aachen werden gleich 2 Schülerlaboratorien vorgehalten, InfoSpere und RoboScope.

Das Hauptziel von InfoSphere besteht darin, Schülerinnen und Schüler im fundierten Umgang mit Technik in sehr unterschiedlichen Aufgabenbereichen zu stärken. Schülerinnen und Schüler sollen wahrnehmen, dass Sie Kompetenzen in Technikanalyse und systematischer Technikgestaltung erwerben und dabei systematisch Methoden der Informatik anwenden. Es sollen vor allem offene Problemstellungen bearbeitet werden, die unterschiedliche, kreative Lösungen in Teams ermöglichen und überfachliche Handlungskompetenzen fördern.

InfoSphere ist eines der wenigen Schülerlabore, die sich nicht nur mit Anwendungen sondern mit der Informatik im Kern beschäftigen. Es hat das Ziel, Konzepte, Methoden und Werkzeuge der Informatik, die in der der Öffentlichkeit häufig gar nicht wahrgenommen werden, sichtbar und explizit zu machen. Das Schülerlabor Informatik stellt dabei eine Ergänzung zum klassischen Informatikunterricht dar und verbindet aktuelle Forschungsinhalte mit dem Schulunterricht. Quelle: http://schuelerlabor.informatik.rwth-aachen.de/allgemeine-informationen

Das Schülerlabor RoboScope ist ein Projekt des Lehrstuhl für Informationsmanagement im Maschinenbau und des Zentrums für Lern- und Wissensmanagement (IMA/ZLW) der RWTH Aachen. Im Rahmen der Initiative „Zukunft durch Innovation.NRW" (zdi) vom Ministerium für Innovation, Wissenschaft, Forschung und Technologie (MIWFT) des Landes Nordrhein-Westfalen wird das Projekt gefördert.

Das Roboscope hat sich zum Ziel gesetzt, bei Schülerinnen und Schülern der Region Aachen/Düren das Interesse für naturwissenschaftliche und technische Themen zu wecken und ihnen am Beispiel der Robotik Einblicke in verschiedene Disziplinen des MINT-Bereichs (Mathematik, Information, Naturwissenschaft & Technik) zu geben. Zugleich bieten es als forschungsnahe Lernumgebung Schülern die Möglichkeit, einen ersten Kontakt zur Universität herzustellen. Quelle: http://www.robo-scope.de

Bochum

Der Bereich TECLabs des zdi-Netzwerks IST.Bochum.NRW umfasst diverse dezentrale Schülerlabore in Kooperation mit den naturwissenschaftlich-technischen Fakultäten und Fachbereichen des Gründungsstandortes Hochschule Bochum, der Ruhr-Universität Bochum sowie der Technischen Fachhochschule Georg Agricola zu Bochum.

Die einzelnen Fakultäten und Fachbereiche stellen attraktive Experimentalumgebungen zu interessanten Themen bereit. Die Angebote können z.T. von größeren Schülergruppen wahrgenommen werden. Einige sind allerdings nur für Kleingruppen konzipiert. Diese Intensivangebote bieten den teilnehmenden Schülerinnen und Schülern einen detailreichen Eindruck von der Arbeit als Studentin oder Student.

Das zdi-Schülerlabor an der Hochschule Bochum wird ebenfalls unter dem Namen TECLab betrieben. Im Rahmen der UniverCity Bochum, dem Verbund der Bochumer Hochschulen wird aber das gesamte Programm aller Schülerangebote unter diesem Namen zusammengefasst.

Einige Beispielthemen für informationstechnische Angebote:
- 2D Computergrafik – Bildbearbeitung mit Java
- 3D Computergrafik - Erzeugung von dreidimensionalen Inhalten und von Animationen
- Dechiffriert - Geheime Botschaften entschlüsseln
- Deine Stimme im Internet - Mobilfunk und Telefonieren per Internet (VoIP)
- Einführung in die iOS-Programmierung
- FunkTech - Datenübertragung per Funk
- Mit Head and Body - Eine eigene Website gestalten
- Mobile Daten - Position und Kommunikation
- Pilotfabrik an der Ruhr-Universität Bochum
- Programmieren auf Knopfdruck - Softwaretechnik praktisch ausprobieren

Quelle: http://www.istbochum.de/ist_bochum/?cat=18

TU Dortmund

Zdi-Schülerlabor DLR_schoolab: diese Angebote werden umfassend in einem eigenen Beitrag im Rahmen dieser Tagung vorgestellt.

Münster

Münsters Experimentierlabor ExperiMINTe an der Westfälischen-Wilhelms Universität bietet als Dachorganisation der Schülerlabore für Mathematik, Informatik, Naturwissenschaften und Technik – kurz MINT – an der Westfälischen Wilhelms-Universität Münster einen Überblick über das vielfältige Angebot der Mitgliedslabore MExLab Physik, GI@School sowie MExLab Chemie.

Es werden zahlreiche 2 bis 4 stündige Kurse mit Zielgruppe Informatik angeboten:
- GeoApps für Android-Smartphones,
- Geocaching - die GPS-Schatzsuche
- GPS-Kartierung für OpenStreetMap
- Mobile Sensoren - am Boden und in der Luft
- UmweltSensoren - selbstgebaut und programmiert

Darüber hinaus gehört auch ein Projektkurs "Geoinformatik" zum Angebot. Quelle: http://www.uni-muenster.de/MExLab/angebote/index.html

Köln

Angeboten werden an der Rheinische Fachhochschule: Sensorik, eine allgemeine Einführung in die Regelungstechnik und eine Einführung in die Programmiersprache. In kleinen Gruppen, meistens zu zweit oder viert, können sich die Schüler an den Experimenten probieren. Währenddessen werden sie von den studentischen Tutoren betreut und können jederzeit Fragen stellen. Quelle: http://www.rfh-koeln.de/die_rfh/servicebereiche/schuelerlabor/informationen-faq/index_ger.html

Höxter

„Höxteraner experimentieren" - Das ist das Motto des Schülerlabors der Hochschule Ostwestfalen-Lippe am Standort Höxter. Schülerinnen und Schüler aus der Region werden eingeladen, mit den Lehrenden der Hochschule gemeinsam Experimente durchzuführen, die nicht nur interessant und spannend sind, sondern auch aktuelle Forschung aus der Umweltinformatik und den Umweltwissenschaften widerspiegeln. Das Schülerlabor ist im Fachbereich 8, „Umweltingenieurwesen und Angewandte Informatik" angesiedelt. Und in diesem Sinne verstehen wir auch die Ausbildung von Schülerinnen und Schülern. Es werden vorwiegend Umweltthemen behandelt. Quelle: http://www.hs-owl.de/studium/angebote-fuer-schulen/hexlab.html

Paderborn

Die Universität Paderborn möchte die naturwissenschaftlich-technische Entwicklung der Informationsgesellschaft vorantreiben, sie kritisch begleiten, gleichzeitig den Blick für die beständigen Werte unserer Kultur öffnen, aber auch die sich in der Informations- oder Wissensgesellschaft bietenden Chancen nutzen. Das Heinz Nixdorf MuseumsForum vereinigt die historische Dimension eines Museums mit den aktuellen Themen eines Forums. Es will mit Ausstellungen und Veranstaltungen die Orientierung und Bildung des Menschen in der modernen Informationsgesellschaft fördern.

Einige Beispielthemen für informationstechnische Angebote:

- Interaktive Geschichten mit Scratch,
- Rot.Gelb.Grün. Den Straßenverkehr intelligent und sicher steuern
- Informatik im Containerhafen
- Wie kommt die Kugel in die Trillerpfeife? Eine Einführung in den 3D-Druck
- NAO – Interaktion mit einem Roboter

Quelle: http://www.coolmint-paderborn.de/kursangebot/informatik.html

5 Konkretes Beipiel Projektkurs Robotik

Bereits zum zweiten Mal wird am Albert-Schweitzer/Geschwister-Scholl-Gymnasium in Marl ein Projektkurs „Robotik" angeboten. Zielgruppe sind Schülerinnen und Schüler der Jahrgangsstufe Q1. Organisiert wird dieses Angebot vom zdi-Zentrum MINT.Marl.

In diesem Verbundprojekt mit der Hochschule Bochum erfahren die Schülerinnen und Schüler mit höchstmöglicher selbständiger, projektartiger Tätigkeit eine intensive Einführung in verschiedenste Arbeitsbereiche rund um das Thema „Robotik"

Da bewegt sich was – Hochschul-Projektkurs Robotik am ASGSG

„Nao" – so der Name des außergewöhnlichen Mitgliedes des neuen Projektkurses Robotik, den die Hochschule Bochum gemeinsam mit dem Albert-Schweitzer-/Geschwister-Scholl-Gymnasium anbietet. Der humanoide Roboter wird von den Schülern auch zum Tanzen programmiert – Gleichgewicht ist bei der Programmierung der komplexen Bewegungsabläufe enorm wichtig. Neben humanoiden Robotern stehen auch industrielle Fertigungsprozesse auf dem „Unterrichtsplan", den die Schülerinnen und Schüler aktiv mitgestalten.

Die fachliche Ertüchtigung der Kursteilnehmer teilen sich der Kurslehrer Claas Niehues vom ASGSG und Andrea Dederichs von der Hochschule Bochum mit ihren Kollegen. Vorlesungen in Rapid-Prototyping und Werkstofftechnik sind ebenso Teil des Kurses wie Vektorberechnung und Elektrotechnik. Überwiegend praktische Arbeit an Robotik-Modellen findet im schulischen Teil des Kurses statt. Am Ende des Kurses steht für die Schüler natürlich auch die selbstständige Präsentation ihrer Arbeitsergebnisse.

http://www.asgsg-marl.de/index.php?option=com_content&view=article&id=563:da-bewegt-sich-was-hochschul-projektkurs-robotik-am-asgsg&catid=34:schule

6 Horst-Görtz-Institut für IT_Sicherheit – Schülertag Kryptographie und IT-Sicherheit

Seit mehreren Jahren veranstaltet das Horst-Görtz-Institut für IT-Sicherheit in der Fakultät für Elektrotechnik und Informtionstechnik in der Regel im Februar einen sehr gut besuchten Schülertag mit bis zu 300 TeilnehmerInnen.

Der Schülertag bietet die Möglichkeit, in das faszinierende und deutschlandweit einzigartige Studium der IT-Sicherheit an der Ruhr-Universität Bochum hinein zu schnuppern. Hier erfahren die TeilnehmerInnen, was für eine wichtige Rolle die IT-Sicherheit im Alltag spielt und wie diese oft unbewusst benutzt z.B. beim Surfen im Internet, Telefonieren mit dem Handy oder beim Onlinebanking. Dazu können sich die TeilnehmerInnen zunächst Vorlesungen zu den Themen Kryptologie und Embedded Security anhören und anschließend an zwei spannenden Workshops teilnehmen.

Die Schülerinnen und Schüler konnten unter anderem aus folgenden Workshop-Angeboten wählen:

- Kryptographie im Wandel der Zeit
- Rettet den Braumeister: Geheime Botschaften im 21. Jahrhundert
- Was hat Facebook mit Mathematik zu tun? - Von SSL zur Zahlentheorie
- Ausspähen von privaten Daten von Smartphones
- Capture The Flag (CTF)

Quelle: http://www.hgi.rub.de/hgi/veranstaltungen/schuelertag2014/

Zusammenfassung

zdi.NRW bietet mit seinen vielfältigen regionalen und überregionalen Angeboten zur MINT-Bildung auf für den Informatikunterricht enorme Unterstützungsmöglichkeiten.

Es lohnt sich auf jeden Fall, über www.zdi-portal.de die Kontaktmöglichkeiten zu den regionalen zdi-Netzwerken und zdi-Schülerlabore aber auch zu den 24 zdi-RobertaZentren zu suchen.

Der Raspberry Pi im naturwissenschaftlichen Unterricht

Michael Weigend

Holzkamp Gesamtschule
Willy-Brandt-Str. 2
58453 Witten
mw@creative-informatics.de

Abstract: In diesem Beitrag werden einige Projekte vorgestellt, bei denen der Raspberry Pi (RPi) zur Erfassung und Verarbeitung von Messwerten im naturwissenschaftlichen Unterricht eingesetzt wird. Mithilfe einfacher Bauteile (Jumperkabel, Widerstände, AD-Wandler, Steckplatine) und Alltagsmaterialien (Pappe, Alufolie, Schaumgummi) kann der RPi an improvisierte Schalter und Sensoren (z.B. Thermometer) angeschlossen werden. Für den Aufbau der digitalen Apparaturen braucht man keine besonderen Vorkenntnisse. Die kreative Herausforderung liegt vor allem darin, Python-Programme zu entwickeln, die die von den Sensoren empfangenen Rohdaten für die Beantwortung wissenschaftlicher Fragestellungen sammeln, aufbereiten und visualisieren.

1 Naturwissenschaft und Informatik

Eine Szene aus dem amerikanischen Spielfilm Twister (USA 1996). Unter Einsatz ihres Lebens bringen die beiden Forscher einen Behälter mit Dutzenden von Sensoren in das Auge eines Tornados. Es sind Plastikkugeln, die noch in der Nacht zuvor mit Flügeln aus Blechdosen versehen wurden. Der Plan gelingt: Die Sensoren werden vom Tornado aufgesaugt und steigen nach oben. Über das Display des Laptops huschen Zahlen. Farbige Diagramme entwickeln sich. Strahlende Gesichter. Die Wissenschaft ist einen Schritt weiter gekommen. Dank Informatik. – Wenigstens ein Hauch dieses Flairs von Erfindungsreichtum, Improvisationskunst und Abenteuer im Dienste der Wissenschaft soll in den Projekten entstehen, die in diesem Betrag vorgestellt werden. Im Zentrum steht der Raspberry Pi, ein sehr preiswerter Einplatinencomputer, der in England entwickelt wurde um den Informatikunterricht zu fördern [RE12].

Tatsächlich spielen Computer in der naturwissenschaftlichen Forschung schon seit langem eine wichtige Rolle. Modelle zur Simulation von Strömungsmechanik und Wettergeschehen (wie sie die Tornado-Forscher entwickeln) benötigen gewaltige Rechnerkapazitäten. Im Bereich der Messwerterfassung und –visualisierung können auch schon kleine und einfache Programme sehr nützlich sein. Naturwissenschaftliche Messanordnungen und Experimente bieten einen realitätsnahen Kontext für Einsteigerprojekte, die nur aus wenigen Zeilen bestehen und ganz einfache Programmiertechniken erfordern. Ein typisches Projekt dieser Art besteht aus drei Komponenten:

Eine naturwissenschaftliche Fragestellung. Das Interesse junger Leute an naturwissenschaftlich-technischen Themen wurde in der ROSE-Studie (Relevance of Science Education) untersucht [HB07]. Populär sind z.B. Themen die mit Gefahr, Gesundheit und außergewöhnlichen Erscheinungen zu tun haben. Aber auch die Arbeitsweise eines Computers interessiert zumindest die Jungen.

Ein passender Hardwareaufbau mit Sensoren. An den Raspberry können auf verschiedene Weise Sensoren angeschlossen werden. Über Jumperkabel kann eine Schaltung auf einer Steckplatine mit einzelnen Pins des GPIO verbunden werden. Wer mit Scratch arbeitet, hat eine zweite Möglichkeit: Über eine USB-Typ A-Buchse kann man das Pico-Board anschließen. Es besitzt u.a. AD-Wandler, ein Mikrophon und einen optischen Sensor. Scratch-Befehlsbausteine können auf diese Eingangssignale zugreifen.

Ein Computerprogramm. Typische Programme zur Messwerterfassung lesen Daten aus den angeschlossenen Sensoren aus, speichern sie, verarbeiten sie in irgendeiner Form und visualisieren sie z.B. durch Diagramme oder eingefärbte Karten. Eine einfache Möglichkeit, die Visualisierung der Daten auszulagern ist die Erzeugung einer CSV-Datei, die dann später mit einem Tabellenkalkulationsprogramm ausgewertet wird. Mit Scratch können besonders leicht Programme zur Visualisierung und Auswertung von Messwerten geschrieben werden.

2 Experimente mit Temperatursensoren

Auf der Platine des Raspberry Pi sieht man die 26 Pins des General Purpose Input Output Device (GPIO). Mit einfachen Jumperkabeln kann man eine Steckplatine mit einer elektronischen Schaltung anschließen. Abb. 1 zeigt den Hardwareaufbau für einen Temperatursensor (DS1820). Es ist leicht nachzuvollziehen, dass eine solche Schaltung in wenigen Minuten aufgebaut werden kann. Mittlerweile gibt es neben Temperatursensoren eine ganze Reihe weiterer preiswerter Sensoren auch zur Erfassung von Ultraschall und Infrarotstrahlung.

2.1 Wie funktioniert ein digitaler Temperatursensor?

In einem Temperatursensor wird die Temperatur in ein elektrisches Signal umgewandelt. Es gibt eine Vielfalt von Techniken, die auf unterschiedlichen physikalischen Prinzipien basieren. Besonders einfach zu handhaben sind Oszillatoren. Die Resonanzfrequenz eines schwingenden Quarzes hängt von der Temperatur ab und kann präzise gemessen werden. Der DS1820 der Firma Dallas (Preis ab ca. 2 €) verwendet eine direct-to-digital Technik auf der Basis von Oszillatoren. Der Clou: Es braucht kein analoges elektrisches Signal digitalisiert zu werden. Das Bauteil enthält zwei Oszillatoren, einen mit niedrigem und einen mit hohem Temperaturkoeffizienten. Der erste Oszillator dient gewissermaßen als Uhr. Mit ihm wird die Frequenz des zweiten Oszillators gemessen.

Abb. 1: Steckplatine mit Temperatursensor (Spalte H) und Widerstand (Spalte B), die an den GPIO eines Raspberry Pi angeschlossen ist..

Der Sensor sendet über einen einzigen Draht (1-Wire-Bus) eine digitale Botschaft, die im Wesentlichen aus zwei Teilen besteht: (1) Die gemessene Temperatur als Bitfolge, (2) eine einmalige Zeichenkombination (64 Bit), die den Sensor identifiziert.

Wegen der eindeutigen Kennung ist es möglich, mehrere Sensoren an einen Bus anzu-schließen. Der Sensor ist für Temperaturen zwischen -55°C und 125°C geeignet und hat im Bereich von -10°C bis +85°C eine Genauigkeit von +/-0,5 Grad. Das Auslesen der Sensordaten ist denkbar einfach. Man kann es auch völlig ohne Python-Programm in die Wege leiten. Die gesamte notwendige Software ist in der Standardinstallation des Be-triebssystems Wheezy bereits enthalten. Man öffnet ein Terminalfenster (LX) und gibt auf der Kommandozeile (als Administrator) einige Kommandos ein:

```
sudo modprobe wire
sudo modprobe w1-gpio
sudo modprobe w1-therm
```

Dadurch wird ein Prozess gestartet, der ständig alle Sensoren immer wieder ausliest und die empfangenen Daten in bestimmte Dateien schreibt. Diese kann man mit dem Datei-manager zunächst einmal „von Hand" suchen und öffnen.

Im Ordner /sys/bus/w1/devices gibt es für jeden angeschlossenen digitalen Tem-peratursensor ein eigenes Verzeichnis. Der Verzeichnisname ist die Kennung des Sen-sors. Sie beginnt mit einer Zahl (10 oder 28), die den Typ des Sensors angibt. In diesem Verzeichnis des Sensors gibt es eine Textdatei namens w1_slave. Sie enthält einen zweizeiligen Text, der z.B. so aussehen kann:

```
6f 01 4b 46 7f ff 01 10 67 : crc=67 YES
6f 01 4b 46 7f ff 01 10 67 t=22937
```

Die erste Textzeile beginnt mit den übertragenen Rohdaten. Sie enthalten ein Prüfbyte, um sicherzustellen, dass sie nicht durch eine Störung verfälscht worden sind. Am Ende der ersten Zeile steht das Ergebnis der Prüfung. Endet die Zeile mit YES, war alles in Ordnung. Am Ende der zweiten Zeile (nach dem Gleichheitszeichen) steht die Temperatur in Tausendstel Grad Celsius. Im obigen Beispiel beträgt die gemessene Temperatur 22,937 °C, wobei die Genauigkeit etwa ein halbes Grad ist.

2.2 Der Prototyp: Ein minimales Python-Programm zur Erfassung von Temperaturdaten

Ein Programm, das die Daten eines Temperatursensors verarbeitet muss folgende vier Aufgaben lösen:

- Schnittstelle zum Sensor starten (drei Programmaufrufe),

- den Pfad zur Datei mit Messdaten finden,

- solange den Text der Sensordatei auslesen bis eine fehlerfreie Datenübertragung stattgefunden hat,

- aus dem Rohtext den Temperaturwert extrahieren

- die Temperatur in lesbarer Form ausgeben

Das folgende Python-Programm löst diese Aufgaben (aus [We13]):

```
os.system("modprobe wire")                                    #1
os.system("modprobe w1-gpio")
os.system("modprobe w1-therm")

for d in os.listdir("/sys/bus/w1/devices"):                   #2
    if d.startswith("10") or d.startswith("28"):              #3
        deviceFile = "/sys/bus/w1/devices/" + d + "/w1_slave"

def readTemp():
    ok = False
    while not ok:
        f = open(deviceFile, "r")
        firstLine, secondLine = f.readlines()
        f.close()
        if firstLine.find("YES") != -1:                       #4
            ok = True
    tempString = secondLine.split("=")[1]                     #5
    return int(tempString)/1000

while True:
    print(readTemp())
    time.sleep(1)
```

Das Programm gibt im Sekundentakt die gemessene Temperatur eines Sensors als ganze Zahl aus. Auf dem Bildschirm erscheint eine lange Zahlenreihe. Das ist eine einfache Form von Datenlogging.

2.3 Das Prinzip „Breite vor Tiefe"

Das Hauptmerkmal dieses prototypischen Beispiels ist, dass in wenig Programmtext alle relevanten Programmiertechniken angesprochen werden, darunter:

- Nutzung von Betriebssystemfunktionen. Das Python-Modul `os` enthält die Schnittstelle zum Betriebssystem. Funktionen aus dem Modul `os` werden z.B. benötigt, um andere Programme aufzurufen (#1) und Verzeichnisse zu durchsuchen (#2). Die Funktion `os.listdir()` liefert eine Liste aller Verzeichniseinträge des angegeben Ordners (#2).

- Konstruktion von Zeichenketten. In #3 wird ein vollständiger Pfad aus konstanten und variablen Teilen zusammengesetzt.

- Analyse von Zeichenketten. String-Methoden wie `startsWith()`, `endsWith()` in Zeile #3 und `find()` in Zeile #4 dienen dazu, Teile in Strings zu finden.

- Zerlegung von Zeichenketten. Zeile 5 zeigt ein typisches Beispiel, wie man eine relevante Passage aus einem String extrahiert. Die zweite Zeile des Textes mit den Sensordaten wird in eine Liste aufgespalten und das Gleichheitszeichen als Trennsymbol verwendet. Beispielsweise wird aus dem String "6f 01 4b 46 7f ff 01 10 67 t=22937" die Liste ["6f 01 4b 46 7f ff 01 10 67 t", "22937"] erzeugt. Das Element mit Index 1 ist ein String mit der Temperatur in Tausendstel Grad. Elaboriertere Techniken verwenden reguläre Ausdrücke.

Das 19-Zeilen-Programm kann man auch ohne spezielle Programmierkenntnisse abschreiben und testen. Die Bedeutung der Programmkonstruktionen einem Anfänger verständlich zu machen ist eine Herausforderung an das begleitende Lehrmaterial. Anschauliche Erklärungen und Abbildungen sollten ein *intuitives Verständnis des konkreten Beispiels* vermitteln.

Ein typisches Projekt mit dem RPi folgt dem Prinzip „Breite vor Tiefe". Das heißt, dass man viele neue Dinge erfährt aber wenig üben muss. Üben beinhaltet das Wiederholen einer Tätigkeit, bis sie schnell, fehlerfrei und ohne große Anstrengung gelingt. Die meisten Schüler werden nach einem solchen Projekt nie mehr wieder Temperatursensoren an einen RPi anschließen Es macht deshalb zum Beispiel keinen Sinn die Pinbelegung des GPIO auswendig zu lernen.

Eine weitere Facette der Prinzips „Breite vor Tiefe" ist das bloße „Berühren" von Wissensgegenständen ohne Details zu erfahren, also ohne „tiefer in die Materie einzudringen" – um die Metapher weiter zu führen. Aber eine solche Oberflächlichkeit impliziert nicht zwangsläufig Banalität oder Wirkungslosigkeit. Betrachten wir ein Beispiel aus dem Projekt. Für die digitalen Thermosensoren wird ein 1-Wire-Bus verwendet. Daran können beliebig viele Sensoren vom Typ DS1820 angeschlossen werden. Jeder Sensor ist mit drei Kabeln verbunden, die zu unterschiedlichen Pins des GPIO führen. Zwei Kabel dienen der Energieversorgung (Masse und +5V) und ein einziges Kabel dient der Datenübertragung. Der Schüler bzw. die Schülerin sieht diese Dinge, nimmt sie in die Hand, macht vielleicht kleine Fehler (Bauteil falsch herum angeschlossen), findet und beseitigt diese Fehler, testet immer wieder das System und identifiziert die Sensoren durch kleine Experimente (mit einem Finger berühren und am Computer prüfen, welcher Sensor eine höhere Temperatur anzeigt). Kurzum, es findet eine intensive und aktive Auseinandersetzung mit rein äußerlichen Merkmalen der Datenkommunikation über einen 1-Wire-Bus statt. All dies ist nichts wirklich Neues für den Schüler. Sie oder er bleibt im Horizont bisherigen Könnens und Wissens. Aber es wird erlebt, dass die gesamte Kommunikation nur über einen einzigen gemeinsamen Draht geht. Das ist das Wichtigste. Details des Protokolls bleiben unsichtbar, die aufgerufenen Programme sind Blackboxes, kontrollieren die gesamte Kommunikation und speichern die Werte in Dateien. Allein aus den wenigen oberflächlichen Beobachtungen kann man die Grundideen des Protokolls bereits ableiten: Die Daten *müssen* seriell übertragen werden. (Wie sollte es bei *einem* Draht anders gehen?) Jeder Sensor *muss* neben der Temperatur auch seine Kennung senden. Es *muss* bei der Datenübertragung Kollisionen geben, die erkannt werden müssen. Bei vielen angeschlossenen Sensoren wird die Kommunikation (wegen zunehmender Kollisionshäufigkeit) zwangsläufig langsamer.

2.4 Ein Programmtext als Kristallisationskeim für eigene Ideen

Das Programm ist nur 19 Zeilen lang und kann als Ausgangspunkt für weitere Entwicklungen dienen. Es ist prototypisches Beispiel, ein Kristallisationskeim für eigene Ideen. Das heißt: Wer das Programm wirklich verstanden hat, ist in der Lage auch komplexere Projekte aus dem gleichen Kontext zu realisieren. In diesem Abschnitt werden einige Möglichkeiten der Weiterentwicklung vorgestellt.

Ein umfangreicheres Projekt zur Messwerterfassung könnte der Idee des Extreme Programming (XP) folgen [Be99]. Ein Schüler, der sich darauf einlässt, betritt Neuland. Er oder sie will (und muss) experimentieren, Fehler machen, lokalisieren und verbessern. Die Idee von XP ist, das Produkt in mehreren Iterationen zu entwickeln. Am Ende jeder Iteration steht ein lauffähiges Programm, das entweder schon fertig ist, oder im nächsten Zyklus erweitert und verbessert wird. Im Schulunterricht ist die Entwicklungszeit stark begrenzt. Eine iterative Programmentwicklung ist immer erfolgreich und garantiert, dass jeder mit der Zeit auskommt. Eventuell werden einige Features (Stories), die man ursprünglich geplant hatte, weggelassen. Der Hardwareaufbau mit einem Sensor und das 19-Zeilen-Grundprogramm sind das Ergebnis der ersten Iteration. Wenn das Programm mit einem Sensor funktioniert – und erst dann - kann in mehrere Richtungen weiterentwickelt werden. Hier einige Stories für weitere Iterationen:

Story 1: Das Programm gibt die Daten nicht als Zahlen auf dem Bildschirm aus, sondern es wird mit einer GUI versehen und erstellt ein Temperatur-Zeit-Diagramm.

Damit können verschiedene Experimente gemacht werden: (1) Der Raspberry Pi zeichnet einen Vormittag lang die Raumtemperatur auf. Aus den Daten kann z.B. ermittelt werden, wie oft gelüftet worden ist. (2) Flüssigkeiten (Wasser, Alkohol) können durch Messen der Verdunstungskälte identifiziert werden.

Story 2: Der Raspberry Pi wird über einen Akku mit Energie versorgt (z.B. 5-V-Powerpack mit Mikro-USB-Ausgang) und damit mobil gemacht. Das Programm zeichnet Uhrzeit und Temperatur auf und speichert die Werte in einer Datei. Der RPi arbeitet ohne Tastatur, Maus und Monitor. Das Programm startet automatisch und wird über Schalter gesteuert (z.B. Neustart einer Messung). Statusmeldungen erfolgen über LEDs.

Hier sind ein paar Ideen zum Einsatz einer solchen Maschine. (1) Man geht mit dem Raspberry Pi und angeschlossenem Temperatursensor eine Strecke über ein Grundstück und erstellt ein Temperaturprofil. Die Temperaturen variieren u. a. wegen unterschiedlicher Untergründe und unterschiedlicher Beschattung. (2) Der mobile Raspberry Pi wird z.B. mit einem ferngesteuerten Auto über ungewöhnliche und schlecht zugängliche Orte bewegt (z.B. Kanalrohr). Mit einem Drachen kann der RPi in die Luft gebracht werden. Dave Akeman schickte seinen RPi mit einem Wasserstoff-Ballon an die Grenze des Weltraums in eine Höhe von 40 km. (http://www.daveakerman.com/)

Story 4: Das Programm speichert die aktuellen Temperaturdaten als HTML-Datei im Verzeichnisbaums eines HTML-Servers, der auf dem RPi läuft. An den RPi ist ein WLAN-Adapter angeschlossen. Dem Server sind im lokalen Netz ein Name und eine feste IP-Adresse zugeordnet. Mit einer solchen Anordnung können Temperaturwerte bei einem Langzeitversuch im Chemielabor der Schule (z.B. alkoholische Gärung) über das Handy abgefragt werden.

Story 5: Anstelle *eines* Sensors, werden die Messwerte einer ganzen Serie von Thermosensoren erfasst. Damit können Temperaturen in einem Areal gleichzeitig gemessen werden. Auf diese Weise hat Georgij Loptev (Witten) im Rahmen seiner Facharbeit den Verlauf einer (exothermen) Neutralisationsreaktion verfolgt. Eine Kette von Sensoren (DS1820) wurde in eine Plastikfolie gewickelt, die resistent gegenüber Säuren und Laugen ist, und dann in eine schmale Wanne mit Wasser getaucht. An beiden Enden wurden zeitgleich konzentrierte Salzsäure und Natronlauge in das Wasser gegeben. Die Temperaturmessungen lassen Rückschlüsse auf die Geschwindigkeit der Ionen zu (Diffusion).

Peter Cambell-Burns beschreibt ein RPi-gestütztes Experiment mit zwei Sensoren, bei dem durch Temperaturmessungen der Anteil der Bewölkung ermittelt wird (http://www.farnham-as.co.uk/2013/04/building-a-cloud-sensor/)

3 Visualisierung von Messwerten mit Scratch

Über USB kann an den Raspberry Pi das Picoboard angeschlossen werden. Die rote Platine enthält einen Lichtsensor, ein Mikrophon, einen Schieberegler, einen Tastschalter und vier Eingänge (A, B, C, D), an die zweiadrige Kabel mit Krokodilklemmen an den Enden angeschlossen sind. Bei diesen vier Sensoren wird der Widerstand zwischen den Krokodilklemmen gemessen. In der Befehlspalette „Fühlen" gibt es einen Baustein, mit dem der aktuelle Zustand der Sensoren (bei Tastschalter als Wahrheitswert und bei den anderen Sensoren als Zahlen zwischen 0 und 100) abgefragt werden kann. Besonders flexibel einsetzbar sind die Widerstandssensoren. Mit ihnen kann z.B. direkt die Leitfähigkeit einer Lösung ermittelt werden oder es können beliebige Sensoren angeschlossen werden, die auf variablen Widerständen basieren (z.B. Pt100-Thermosensoren). Der Schwerpunkt eines Scratch-Projekts zur Messwerterfassung liegt in der Visualisierung der Daten. Das ist die Stärke von Scratch. Abbildung 2 zeigt einen Screenshot aus einem Projekt, das die Durchführung und Auswertung einer Leitfähigkeitstitration unterstützt (Konduktometrie).

In einen Erlenmeyerkolben ist die Probe einer Lauge mit unbekannter Konzentration. Das Gefäß steht unter einer Bürette mit Salzsäure (c = 1 mol/L) als Maßlösung. In den Erlenmeyerkolben tauchen zwei Elektroden, die über Krokodilklemmen mit Widerstandseingang A verbunden sind. Die Apparatur funktioniert folgendermaßen. Nachdem die Elektroden eingetaucht sind, wird das Programm wie jedes Scratch-Projekt durch Anklicken der grünen Flagge gestartet. Der rote Punkt zeigt den gemessenen Leitwert (Kehrwert des Widerstandes) an. Er befindet sich zunächst ganz links. In der ersten Phase wird die Anzeige kalibriert. Mit einem Schieberegler (rechts im Bild auf dem Pfeil) wird ein Proportionalitätsfaktor definiert, der dafür sorgt, dass der rote Punkt nach oben verschoben wird. Wenn der Anzeigepunkt eine geeignete Lage hat, drückt der Anwender auf den Tastschalter des Picoboards und startet damit die zweite Phase, die eigentlichen Messung. Der Anwender gibt nach und nach jeweils einen Milliliter Maßlösung aus der Bürette in den Erlenmeyerkolben und drückt anschließend jedes Mal den Tastschalter. Der Anzeigepunkt wandert nach rechts und zieht eine Linie hinter sich her. Typischerweise entsteht ein Diagramm wie in Abbildung 2.

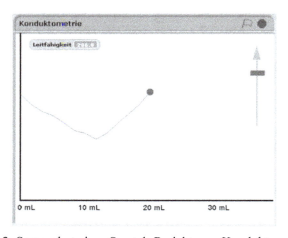

Abb. 2: Screenshot eines Scratch-Projekts zur Konduktometrie.

Für die Auswertung braucht man den Verbrauch an Maßlösung am Tiefpunkt des Graphen. Der genaue Wert der Leitfähigkeit ist ohne Bedeutung.

Das Scratch-Programm enthält ein Hintergrundbild und zwei Objekte: den Anzeigepunkt und den Schieberegler für die Kalibrierung. Abbildung 4 zeigt die Skripte des Anzeigepunktes. Hier steckt fast die ganze Intelligenz des Projekts. Die beiden Skripte laufen parallel. Das erste Skript misst permanent die Leitfähigkeit. Der angezeigte Wert der Variablen wird aus dem Messwert des Widerstandssensors A und dem Faktor aus der Kalibrierphase berechnet.

Das zweite Skript implementiert die beiden Phasen, die weiter oben beschrieben worden sind. Zunächst ist der Malstift angehoben. In der ersten Schleife wird der Anzeigepunkt immer wieder neu positioniert. Er bewegt sich analog zum Schieberegler, weil die Variable Faktor ihren Wert ändert. In der zweiten Schleife wird der Anzeigepunkt nach jeder Betätigung des Tastschalters neu positioniert. Dabei werden die Liniensegmente des Diagramms gezeichnet.

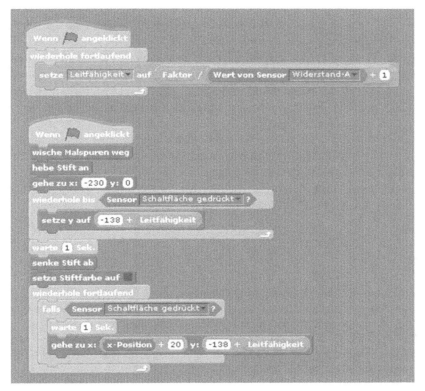

Abb. 3: Skripte des Anzeigepunktes im Konduktometrie-Projekt.

4 Zusammenfassung und Fazit

In diesem Beitrag wurden Beispiele für Programmierprojekte mit dem Raspberry Pi vorgestellt, die in naturwissenschaftliche Fragestellungen eingebettet sind. Typisch für RPi-Projekte ist, dass nicht nur programmiert wird, sondern ganze Maschinen (Hardware plus Software) zu einem bestimmten Zweck entwickelt werden. Teile der Apparatur werden aus Alltagsmaterialien (Pappe, Alufolie, Kabel, Klebeband) improvisiert, Schaltungen werden aus billigen elektronischen Bauteilen auf Steckplatinen reversibel aufgebaut und nur in Ausnahmefällen gelötet.

Das ist übrigens auch die Philosophie von Build-it-yourself, einer Gruppe von jungen Forschern und Entwicklern, die mit dem Lifelong Kindergarten des MIT kooperiert (http://build-it-yourself.com/). Aus „first quality junk" werden Maschinen gebaut, die die Welt verbessern sollen. Projekte sind „Missionen". Das ist die Grundannahme des Konstruktionismus [PH91]: Man lernt am besten, wenn man etwas baut, das einem am Herzen liegt.

Mit Blick auf die Aneignung informatischer Konzepte gilt das Prinzip „Breite vor Tiefe". Die Schüler berühren viele unterschiedliche Wissensbereiche, bleiben aber eher an der Oberfläche. Sie erleben das Zusammenspiel von vielen Techniken und wissenschaftlichen Inhalten in einem geschlossenen Kontext. Das „Erleben" ist mit einer Vielfalt von manuellen und kognitiven Aktivitäten und sensorischen Wahrnehmungen verbunden. Es ist in dieser Hinsicht reichhaltiger als eine klassische Programmierübung.

Welche Rolle spielt das Computerprogramm in einem solchen RPi-Arrangement? Man kann es mit einem sehr ausführlichen Versuchsprotokoll vergleichen: Das Programm ist eine sehr exakte Beschreibung, was zu tun ist. Damit wird der Fokus auf das Design der Methode gelegt. Man muss nicht selbst viele Messungen durchführen, protokollieren und auswerten, sondern man beschreibt nur wie es geht.

Literatur

[Be99]   Beck, Kent: Extreme Programming Explained. Boston u.a. (Addison Wesley) 1999.
[DS95]   Dallas Semiconductor Corporation: DS1820 1-Wire™ Digital Thermometer. 1995. Datenblatt, online verfügbar: http://www.micropik.com/PDF/ds1820.pdf
[HB07]   Holstermann, N. & Bögeholz, S.: Interesse von Jungen und Mädchen an naturwissenschaftlichen Themen am Ende der Sekundarstufe I. In Zeitschrift für Didaktik der Naturwissenschaften; Jg. 13, 2007.
[PH91]   Papert, Seymour; Harel, Idit: Constructionism. Ablex Publishing Corporation 1991.
[RE12]   Raspberry Pi Educational Manual. 2012. Online verfügbar: http://pi.cs.man.ac.uk/download/Raspberry_Pi_Education_Manual.pdf
[We13]   Weigend, M.: Raspberry Pi programmieren mit Python. Heidelberg (mitp) 2013.

Die Informatik-Experimente im DLR_School_Lab TU Dortmund – nicht nur reine Programmierarbeit

Sylvia Rückheim

DLR_School_Lab TU Dortmund
Emil-Figge-Str. 66
44227 Dortmund
sylvia.rueckheim@tu-dortmund.de

Abstract: Der Experiment-Parcours des DLR_School_Lab TU Dortmund umfasst 14 Experimente, vier davon mit Informatik-Bezug. Die Schülerinnen und Schüler experimentieren altersgerecht zu den Themenfeldern „autonome Robotik", „virtuelle Welten" und „Rechnernetz Auto", dabei kommen, neben den in vielen Schulen vorhandenen LEGO Mindstorms NXT®-Bausätzen, auch in der Fakultät für Informatik entwickelte Versuchsaufbauten zum Einsatz.

Die Experimente des DLR_School_Labs haben grundsätzlich einen interdisziplinären Charakter. Fast alle Themen können auf das Vorwissen der Schulklassen angepasst werden und sind für Schülerinnen und Schüler ab der Jahrgangsstufe 8 geeignet. Zudem werden die Schulklassenbesuche kontinuierlich evaluiert, dabei werden zu den einzelnen Experimenten das Interesse, das Verständnis und die Qualität Betreuung abgefragt.

1 Die Schülerlabore des Deutschen Zentrums für Luft- und Raumfahrt (DLR)

Im Jahr 2000 wurde das erste DLR_School_Lab am Standort Göttingen eröffnet. Nun, 14 Jahre später, gibt es deutschlandweit zwölf Schülerlabore des DLR, vier dieser außerschulischen Lernorte werden in Kooperation mit einer Technischen Hochschule betrieben. Bis Ende 2013 nahmen knapp 190.000 Schülerinnen und Schüler an Programmen der DLR_School_Labs teil, alleine in 2013 waren es 31.500 Teilnehmerinnen und Teilnehmer.

Die DLR_School_Labs bieten Schulklassen verschiedener Altersstufen einen im Regelfall eintägigen, wenn von der Schule gewünscht, auch einen mehrtägigen Besuch an. Im Mittelpunkt des Besuchsprogrammes steht ein Parcours mit Schüler-Experimenten, der durch Vorträge und Besichtigungen ergänzt wird. Die Kinder und Jugendlichen führen die altersgerecht gestalteten Versuche in Kleingruppen selbst durch, wobei sie meist von studentischen Hilfskräften, aber auch von wissenschaftlichen Mitarbeitern, betreut werden.

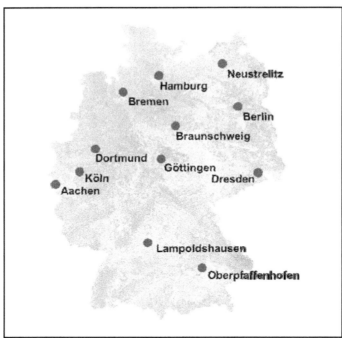

Abbildung 1: Die Mehrzahl der zwölf DLR_School_Labs befindet sich an DLR-Standorten. Jedoch gibt es auch Schülerlabore an der RWTH Aachen, der TU Dortmund, der TU Dresden und
der TU Hamburg-Harburg.

1.1 Das Konzept der DLR_School_Labs

Die DLR_School_Labs wollen einen authentischen Einblick in die aktuelle Forschung
geben. Es sollen hierbei alle Themenfelder des DLR – Luftfahrt, Raumfahrt, Verkehr
und Energie – berücksichtigt werden, wobei der Schwerpunkt auf den im betreffenden
Standort behandelten Forschungsthemen liegt. Die angebotenen Experimente werden
durch enge Zusammenarbeit mit Wissenschaftlern an den Stand der Forschung angepasst.

Mit dem Blick auf verschiedene Altersgruppen bieten die DLR_School_Labs grundsätzlich zwei Formate an: ein vereinfachtes Programm für die Unter- bzw. Mittelstufe sowie
ein anspruchsvolleres Programm für die Oberstufe. Zum Teil benutzen beide Programme
die identischen Gerätschaften, wobei Versuchsabläufe und Erklärungsmodelle für die
jüngeren Zielgruppen vereinfacht werden. Einige Versuchsanordnungen werden allerdings nur in der einen oder anderen Altersstufe eingesetzt.

So sollen Schülerinnen und Schüler der Unter- bzw. Mittelstufe in einer Phase der Schullaufbahn erreicht werden, in der sie erstmals intensiver mit naturwissenschaftlichen
Fächern in Berührung kommen. Hier geht es darum, junge Menschen frühzeitig für Naturwissenschaften und Technik zu begeistern, bevor sie ihr Interesse eventuell von den
entsprechenden Schulfächern abwenden. In der Oberstufe werden Schülerinnen und
Schüler naturwissenschaftlicher Grund- und Leistungskurse gezielt gefördert, um ihr

Interesse weiter zu verstärken und sie ggf. zu einer entsprechenden Berufswahl zu motivieren.

Die DLR_School_Labs können und wollen die Schule nicht ersetzen, vielmehr sind sie ein Angebot zur Ergänzung des Regelunterrichtes. Lehrerinnen und Lehrer werden in ihrer Unterrichtsgestaltung unterstützt, denn vielfach ist es für Schulen nicht möglich, die eigene Ausstattung an die aktuelle Forschung anzupassen.

1.2 Das DLR_School_Lab TU Dortmund

Als zweites DLR-Schülerlabor an einer Hochschule sowie als zweites DLR_School_Lab in Nordrhein-Westfalen wurde das DLR_School_Lab TU Dortmund im November 2008 eröffnet. In insgesamt 14 Experimenten können Schülerinnen und Schüler der Mittel- und Oberstufe Forschungsthemen des DLR und der TU Dortmund altersgerecht und handlungsorientiert kennenlernen. Auf Wunsch und nach Terminlage kann der Besuchstag durch einen Vorlesungsbesuch, Besichtigungen des Teilchenbeschleunigers DELTA oder anderer Einrichtungen sowie durch Fachvorträge oder Vorträge zur Berufs- und Studienorientierung ergänzt werden.

Die Mehrzahl der Experimente wurde in enger Zusammenarbeit mit den natur- und ingenieurwissenschaftlichen Fakultäten der TU Dortmund entwickelt; konkret sind folgende Fakultäten beteiligt: Bio- und Chemieingenieurwesen, Chemie und Chemische Biologie, Elektrotechnik und Informationstechnik, Informatik, Maschinenbau und Physik.

Ein Besuchstag im DLR_School_Lab dauert in der Regel fünf Stunden, wobei Beginn und Ende individuell mit den Gruppen abgesprochen werden. Die Schülerinnen und Schüler arbeiten in Kleingruppen und führen an einem Besuchstag bis zu drei verschiedene Experimente durch, die jeweils eine Stunde dauern. Eingerahmt wird der Besuch von einem Einführungsvortrag und einer Feedbackrunde. Zwischen den einzelnen Experimenten sind Pausen eingeplant, in der Mittagspause haben die Schülerinnen und Schüler die Möglichkeit in der Mensa zu essen.

2 Die Informatik-Experimente

Die Fakultät Informatik hat drei Experimente in den Parcours eingebracht. Ein weiterer Versuch, der Programmierarbeiten enthält, stammt aus der Fakultät Elektrotechnik und Informationstechnik. Im Folgenden werden die Experimente kurz beschrieben:

2.1 Haptische Interaktion

Durch moderne Computerspiele und Spielekonsolen hat die virtuelle Welt in die Kinderzimmer Einzug gehalten, jedoch ist nur wenigen Schülerinnen und Schülern klar, welche Techniken die Interaktion in einer am Computer erzeugten Umgebung in Echtzeit möglich machen. Innerhalb des Versuchsaufbaus wird vermittelt, was unter taktiler Wahrnehmung am Computer zu verstehen ist, welche unterschiedlichen Komponenten (u.a. Berührung, Druck, Vibration) diese Sinneswahrnehmung beinhaltet und wie ein technisches Gerät zur Simulation von taktiler Interaktion funktioniert. Hierzu steht den Schülerinnen und Schüler ein sogenanntes Haptic-Device zur Verfügung, das bei modernen Forschung- und Entwicklungsprojekten, wie medizintechnischen Simulationen, oder im Designbereich zum Einsatz kommt.

Verantwortliche Fakultät: Informatik
Zielgruppe: Jahrgangsstufen 8 bis 13

Abbildung 2: Impressionen der Experimente mit Informatik-Bezug: Haptische Interaktion, Stereoskopische 3D-Darstellung, AutoLab und Servicerobotik (v.l.n.r.).

2.2 Stereoskopische 3D-Darstellung

Stereoskopische Projektionssysteme sind aus dem professionellen Multimediabereich sowie der Medizin und der Industrie nicht mehr wegzudenken. Zur Umsetzung des dreidimensionalen Eindrucks ist ein grundsätzliches Verständnis zum räumlichen Sehen beim Menschen notwendig. Der selbstverständliche Effekt, dass beide Augen zwei unterschiedliche Bilder wahrnehmen und diese, um den Augenabstand verschoben Bilder an das Gehirn weitergeben, muss sowohl bei der Hard- und Software zur Generierung einer realistischen stereoskopischen Darstellung berücksichtigt werden. Die Schülerinnen und Schüler lernen verschiedene Techniken der 3D-Darstellung kennen; vom Stereoskop über Anaglyphen-Bilder bis hin zur Polarisations- und Shuttertechnik.

Verantwortliche Fakultät: Informatik
Zielgruppe: Jahrgangsstufen 8 bis 13

2.3 AutoLab

Den meisten Autofahrer ist nicht bewusst, dass sie dutzende Kleinstrechner mit vielen Megabytes an Software über die Autobahn bewegen: Moderne Kraftfahrzeuge sind verteilte, eingebettete Computersysteme auf Rädern! Die Schülerinnen und Schüler können in diesem Experiment zunächst Fahrzeugkomponenten wie beispielsweise einen Xenon-Scheinwerfer selbst programmieren. Doch zum Autofahren gehört noch mehr: Lenkung,

Gas und Bremse – auch für diese Komponenten müssen die Schülerinnen und Schülern Routinen entwickeln. Wie gut die eigene Programmierung ist, wird dann in einer Fahrsimulation getestet und eine Spezialsoftware zeigt, was im "Rechnernetz Auto" während der Fahrt passiert.

Verantwortliche Fakultät: Informatik
Zielgruppe: Jahrgangsstufen 8 bis 13

2.4 Servicerobotik

Serviceroboter sollen den Menschen in seiner natürlichen Umgebung mit einfachen Tätigkeiten wie Hol- und Bringdiensten, Staubsaugen oder Rasenmähen unterstützen. Doch kann eigentlich ein blinder, mobiler Roboter sicher seine Ziele finden, ohne jemanden zu gefährden? Die Schülerinnen und Schüler erfahren in diesem Experiment die Grundprinzipien der mobilen Navigation und bringen den Lego-Mindstorms-NXT-Robotern bei, eigenständig einer Linie zu folgen. Je nach Vorkenntnissen der Schüler ist eine Programmierung mittels einer grafischen Benutzeroberfläche oder per Quelltext möglich. Auf Wunsch werden Robotik-Tage angeboten, an denen eine ganze Klasse mit den Lego-Robotern arbeiten kann und die Funktionsweise sowie die Einsatzbereiche unterschiedlicher Sensoren kennenlernt.

Verantwortliche Fakultät: Elektrotechnik und Informationstechnik
Zielgruppe: Jahrgangsstufen 8 bis 13

3 Qualitätsmanagement

Die DLR_School_Labs evaluieren sich permanent selbst, dazu nutzen sie sowohl standardisierte Schülerfragebögen als auch Feedback-Runden. Diese Befragungen dienen vor allem der Optimierung der Experimente und der altersgerechten Didaktik. Weiterhin wird die Meinung der begleitenden Lehrkräfte über einen gesonderten Fragebogen eingeholt. Eine extern durchgeführte Wirksamkeitsstudie an vier DLR_School_Labs belegt zudem die Nachhaltigkeit des Besuchs eines Schülerlabors.

3.1 Schüler-Fragebögen (Feedbackbögen)

In den Feedbackbögen bewerten die Schülerinnen und Schülern die von ihnen am Besuchstag durchgeführten Experimente (maximal drei) unter folgenden Gesichtspunkten:
–   „War das Thema interessant?"
–   „Wie war die Einführung am Experiment?"
–   „Habe ich das Thema verstanden?"
–   „Wie war die Betreuung beim Experimentieren?"

Dabei können sie zwischen fünf Kategorien wählen: ++, +, ○, - und --, wobei ++ für besonders gut und -- für eher schlecht steht. Weiterhin wird die Dauer des Besuchs, das generelle Interesse an MINT und Wahl eines Berufes in diesem Bereich abgefragt. Die Feedbackbögen sind Momentaufnahmen und lassen keine statistische Auswertung bezüglich der Nachhaltigkeit der Besuche zu, hierzu wird auf die in Kapitel 3.3 vorgestellte Wirksamkeitsstudie von Pawek (2009 und 2012; [Pa09], [Pa12]) verwiesen. Vielmehr dient das Feedback der Schülerinnen und Schüler dazu, das Vermittlungskonzept der einzelnen Experimente kontinuierlich zu überprüfen und bei Bedarf Veränderungen vorzunehmen. Auch neu in den Experimentparcours aufgenommene Experimente können so zeitnah auf die Verständlichkeit und die Akzeptanz durch die Schülerinnen und Schülern überprüft werden.

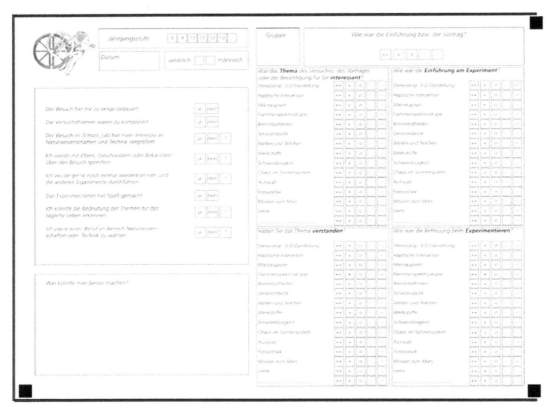

Abbildung 3: Der standardisierte Feedbackbogen für Schülerinnen und Schüler, angepasst an die Experimente des DLR_School_Lab TU Dortmund.

3.2 Lehrerfragebögen

Neben den Feedbackbögen für Schülerinnen und Schüler setzen die DLR_School_Labs auch einen Lehrerfragebogen ein. Dieser ist deutlich umfangreicher als der Schüler-Feedbackbogen und wird an die begleitenden Lehrkräfte verteilt. Neben Fragen zur Person gibt es Frageblöcke zur Vorbereitung auf den Besuch, zum Besuchstag selbst, zur Bedeutung für den Unterricht sowie zur Bewertung der einzelnen Experimente. Das Feedback der Lehrkräfte ermöglicht es, die Experimente, wo umsetzbar, besser auf das Curriculum abzustimmen und so eine besser Anknüpfung an den Schulunterricht zu bieten. Denkbar ist auch, dass neue Experimente in Absprache bzw. in Zusammenarbeit mit den Lehrerinnen und Lehrern entwickelt werden können.

3.3 Wirksamkeitsstudie zum Besuch der DLR_School_Labs

Den überraschend großen Erfolg der DLR-Schülerlabore belegt eine umfangreiche, am Leibniz-Institut für die Pädagogik der Naturwissenschaften und Mathematik (IPN) durchgeführte Wirksamkeitsstudie. Dafür wurden insgesamt 734 Schülerinnen und Schüler von der 9. Klasse bis zu den naturwissenschaftlichen Oberstufenkursen in einem pre/post/follow-up-Modell befragt. Sie erhielten Fragebögen zu Beginn und am Ende eines Besuchstages im Schülerlabor und sechs bis acht Wochen nach den Veranstaltungen im DLR_School_Lab [Pa09], [Pa12]. Darüber hinaus erfolgte bei 83 Personen eine vierte Fragebogenerhebung ein Jahr nach dem Besuch [Pa12]. Dabei kam Pawek zu folgenden Ergebnissen:

– Die untersuchten DLR_School_Labs (Berlin, Göttingen, Köln und Oberpfaffenhofen) erfreuen sich bei nahezu allen Schülerinnen und Schülern sowie Lehrkräften großer Beliebtheit. Viele Schülerinnen und Schüler denken auch viele Monate später sehr positiv an den Aufenthalt im DLR_School_Lab zurück.

– Der Besuch des DLR_School_Lab wird als persönlich bedeutsam wahrgenommen, hat den Aussagen zufolge Spaß gemacht und zu einer Weiterbeschäftigung mit den behandelten Inhalten angeregt.

– Das Selbstvertrauen wird gefördert: Viele Schülerinnen und Schüler schätzen kurz- und längerfristig ihre eigenen naturwissenschaftlichen Fähigkeiten höher ein als zuvor - ein gerade auch für Mädchen besonders positiver Aspekt.

– Der Besuch in einem DLR_School_Lab beeinflusst das persönliche Interesse der Jugendlichen an Naturwissenschaften und Technik positiv - und zwar nachhaltig.

Literaturverzeichnis

[Pa09] Pawek, C.: Schülerlabore als interessefördernde außerschulische Lernumgebungen für Schülerinnen und Schüler aus der Mittel- und Oberstufe. Online http://eldiss.uni-kiel.de/macau/receive/dissertation_diss_00003669, 2009.

[Pa12] Pawek, C.: Schülerlabore als interessefördernde außerschulische Lernumgebungen. In (Brovelli, D., Fuchs, K., Niederhäusern, R. von & Rempfler, A., Hrsg.): Kompetenzentwicklung an Außerschulischen Lernorten. Tagungsband zur 2. Tagung Außerschulische Lernorte der PHZ Luzern vom 24. September 2011. In Außerschulische Lernorte - Beiträge zur Didaktik, Bd. 2. Münster/Wien/Zürich: LIT. Online http://www.igu-cge.org/newsletters/annex/TagungsbandAL2_PHZLuzern_4_klein.pdf#page=65, 2012.

Wichtige Dimensionen in der Entwicklung des selbstorganisierten Lernens im Informatikunterricht

Lin XU

Arbeitsbereich Didaktik der Informatik
Westfälische Wilhelms-Universität Münster
Fliednerstraße 21
48149 Münster
lin.xu@uni-muenster.de

Abstract: In der vorliegenden Arbeit werden drei wichtige Kriterien des selbstorganisierten Lernens zur Förderung und Auswertung der Kompetenz der Selbstorganisation im Informatikunterricht bestimmt: die Bereitschaft zur Lernverantwortung, die Strukturierungskompetenz und die Fähigkeit zur Selbstbeurteilung und Präsentation. Die Erprobungen leisten mit der Implementierung in der Praxis einen Beitrag zur Untersuchung von Kompetenzentwicklung im Informatikunterricht.

1. Fördern vom selbstorganisierten Lernen

„Selbstorganisation bedeutet, dass die Gruppenmitglieder selbstbestimmt ihre Zeit organisieren. Sie sind selbst dafür verantwortlich, ob und wie sie die Zeit nutzen." ([GP02], S.137; [Pe02], S.137) Im selbstorganisierten Lernen haben „Selbstregulation", „motiviertes Lernen", „kooperatives Lernen" und „offener Unterricht" ([SS07], S. 401–412) große Bedeutung. Gierlinger-Czerny und Peuerböck haben dazu geschrieben, dass das selbstorganisierte Lernen sich immer auf die Organisation individueller und kooperativer Lehr-Lern-Prozesse bezieht. Nach Meinung von Seifried umfasst selbstorganisiertes Lernen folgende vier Grunddimensionen ([Se041], S. 93):

* „Lernen für sich bzw. individuelles Lernen;
* Lernen für andere im Sinne von arbeitsteiligem und verantwortungsbehaftetem Lernen;
* Lernen mit anderen durch Lernen in Gruppen;
* Lernen mit Risiko, das bedeutet Fehler im Sinne eines konstruktivistischen Fehlerverständnisses zuzulassen."

Daraus wird deutlich, dass es beim selbstorganisierten Lernen nicht in erster Linie um die Darstellung der Lerninhalte, sondern um deren eigenständige Erarbeitung durch die Lernenden geht. Das Hauptziel der Förderung des selbstorganisierten Lernens ist, dass die Schüler mit Hilfe der Lehrer Schritt für Schritt die neue Lernform heranziehen, gemeinsam in Kleingruppen arbeiten, die Verantwortung für die eigene Lerntätigkeit übernehmen und selbst bestimmen können.

Der selbstorganisierte Unterricht ist weniger eine Veranstaltung, als vielmehr eine Gelegenheit, Lernprozesse unter Berücksichtigung der Ziele, Interessen und emotionalen Aspekt der Lernenden zu organisieren ([Se92], S. 10). Während des selbstorganisierten Lernens können die Schüler die Auswahl der Lerninhalte, die Intensität und die Zeitdauer der Bearbeitung von Lerninhalten sowie die Art und Weise der Bearbeitung der Lerninhalte gemäß ihrer Dispositionen und ihren Eigenheiten selbstständig entscheiden. Dazu haben Friedrich et al. ([FN04], S.5) zusammengefasst, dass die Selbstorganisation in unterschiedlichen Handlungsfeldern wirken kann. Selbstorganisiertes Lernen fördert sowohl die Problemlösefähigkeit, als auch die emotionale Befindlichkeit und Interessensentwicklung, d.h. außer dem Inhaltsaspekt spielt der Beziehungsaspekt (emotionale Befindlichkeit) beim Problemlösen in Lerngruppen eine große Bedeutung.

Selbstorganisiertes Lernen ist kein „didaktischer Selbstläufer" ([SS06], S. 105). Es bedeutet, dass die Aufgaben des Lehrers nicht unterschätzt werden sollten und der Lehrer eine neue Rolle in Richtung auf die Förderung der Selbstverantwortung und Selbstgestaltung hat. Beim Lernen sollen die Lehrer begleiten und kontrollieren, damit die Schüler Zeit- und Handlungsfreiräume verantwortungsbewusst nutzen und ein realistisches Selbstbild aufbauen können. Die Fähigkeit der Lehrer spielt beim selbstorganisierten Lernen eine große Rolle. Manche Schüler sind z.B. während des Lernens überfordert; in dieser Situation sollten die Lehrer die Fähigkeit haben, die Probleme der Schüler zu diagnostizieren und rechtzeitig entsprechende Maßnahme zu treffen, zum Beispiel indem sie ein persönliches Gespräch in einem Gesprächsraum führen oder ein Klassengespräch in Form des problemlösenden, fragend-entwickelnden Unterrichts oder indem sie eine Diskussion in einer Gruppe moderieren. Auf diese Weise können die Schüler ihre Eindrücke, Gefühle und Absichten deutlich zeigen und allmählich das Gefühl der Überforderung selbst vermeiden.

Baitsch ([Ba93], S. 49) betont zudem, dass der selbstorganisierte Lernprozess vor allem auf folgende Aspekte zuzutreffen scheint: „kognitive Kompetenzen, soziale Kompetenzen, das Selbstkonzept und die Leistungsmotivation. „Davon ausgehend beinhaltet das selbstorganisierte Lernen in dieser Studie die folgenden drei wichtige Dimensionen (siehe Tabelle 1): Bereitschaft zur Lernverantwortung, Strukturierungskompetenz und die Fähigkeit zur Selbstbeurteilung und Präsentation. In Hinblick auf diese drei Dimensionen im selbstorganisierten Lernen können die Lehrer in der Unterrichtspraxis die Kompetenz zur Selbstorganisation der Schüler konkret fördern und messen.

Fähigkeiten	Aufgaben und Förderungen
Bereitschaft zur Lernverantwortung: die Fähigkeit, eigene Lernziele und individuelles Verhalten zu erkennen und zu wissen, wie erfolgreich gelernt und wie das Gelernte beim weiteren Lernen selbstorganisiert angewendet werden kann.	• **Zielentwicklung:** Feststellung der eigenen Lernziele (persönliche Ziele, Wissensziele und Planungs-Organisationsziele) • **Bearbeitung der benötigten Materialien:** Sammlung, Analyse und Auswertung der benötigten Materialien • **Themenfindung und Formulierung der Projekt-Lernaufgaben:** Das selbstständige Finden von zwei der sechs möglichen Themen und das Stellen der eigenen Projekt-Lernaufgaben dazu (Definitionsfrage, Funktionsfrage und Anwendungsfrage) • **Motivation:** Die Lehrer schaffen eine Lernumgebung, in der Lernende sich selbst motivieren können • **Wissen über eigenes inhaltliches Vorwissen zu einem ausgewählten Thema:** Vor-Test zu einem Thema • **Verantwortungsbewusstsein:** Der Aufbau und die Übernahme der Verantwortung
Strukturierungskompetenz bezieht sich einerseits auf die Fähigkeit, Probleme effektiv zu bewältigen und planmäßig auszuführen, andererseits auf die Fähigkeit, die eigene Arbeit zu organisieren, wichtige und unwichtige Informationen zu unterscheiden, das eigene Handeln zu bewerten und zu kontrollieren. Der Fokus liegt auf der Handlungsregulation und es geht um die Lernprozessstrukturierung durch die Lernenden selbst.	• **Planungsausführung:** Das selbstständige Finden der Lösung zu den Projekt-Lernaufgaben und Aufgaben in der Portfolioarbeit nach eigener Zeitplanung. • **Teamfähigkeit:** Sie ist die Fähigkeit und die Bereitschaft einer Person, sich in Gruppen zu beteiligen und gemeinsam die Unterrichtsziele und eigene Lernziele strukturiert zu erreichen. • **Kreativität:** Das Vermögen einer Person, unkonventionelle, aber praktikable Lösungen für Aufgaben und Probleme zu finden.
Fähigkeit zur Selbstbeurteilung und Präsentation bedeutet, dass die Schüler einerseits während des Lernens selbst beurteilen können, welche Stärken und Schwächen sie haben und wie sie weiter lernen könnten und andererseits wie sie nach der Arbeit die gelernten Kenntnisse anderen Mitschülern vorstellen und vermitteln können.	• **Fähigkeit der Selbstdokumentation und Planungsüberwachung:** Jeden Tag nach dem Unterricht sollte jeder Schüler die Selbstdokumentation ausfüllen und ein Protokoll zur Arbeit anlegen. • **Fähigkeit der Präsentation:** Nach der Portfolioarbeit sollte jeder Schüler anderen Mitschülern zeigen, welche Ziele durch die Arbeit erreicht, welche Aufgaben gelöst und welche Methode benutzt wurden. Dadurch können die Schüler auch voneinander lerne

Tabelle 1: Die Aufgaben und Förderungen beim selbstorganisierten Lernen

Um die Lernfortschritte deutlich zu erkennen, werden in dieser Studie Vor- und Nach-Tests eingesetzt. Die beiden Tests beziehen sich auch auf die sechs Themen in der Informatik. Jeder Schüler sollte vor und nach dem selbstorganisierten Lernen an einem entsprechenden Vor- und Nach-Test zu *einem* Thema im Bereich der Informatik teilnehmen. Die Vor- und Nach-Tests werden als Mittel zur Prüfung individueller Lernvoraussetzungen und kognitiver Lernergebnisse ausführlich dargestellt. Zum Schluss werden die Ergebnisse des Nach-Tests mit den Ergebnissen des Vor-Tests verglichen und damit geprüft, welche kognitiven Fortschritte die Schüler durch das selbstorganisierte Lernen haben.

2.   Studie

Die Studie zur Entwicklung der Selbstorganisationskompetenz wurde in fünf Schulen in vier unterschiedlichen Klassenstufen (Klassenstufen 10, 11.1, 12.1 und 12.2) durchgeführt. Insgesamt nahmen 93 Schüler und 7 Lehrer an der Studie teil. Das selbstorganisierte Lernen im Informatikunterricht bezieht sich auf sechs IT-Themen: *ER-Modell, Hierarchie, logische Gedanken, Rekursion, Programmierung/Algorithmus, Zahlensysteme.* Vor dem Lernen sollte der Lehrer den Schülern die sechs IT-Themen erklären und ihnen einen Überblick zu den sechs Themen geben. Danach sollte jeder Schüler zwei von den sechs Themen auswählen; davon setzt dann der Lehrer ein Thema für jeden der Schüler zur Bearbeitung fest. In dieser Studie hat jeder Schüler sich nur mit einem von den sechs Themen beschäftigt. Dadurch kann einerseits jeder Schüler sich nur auf ein Thema im Unterricht konzentrieren, andererseits hat jeder von ihnen zum Schluss die Gelegenheit, von anderen ein neues Thema zu lernen und auch darüber zu diskutieren. Wenn mehrere Schüler das gleiche Thema ausgewählt haben, kann der Lehrer die Schüler in einer gemeinsamen Gruppe einsetzen. Dadurch können die Schüler voneinander lernen.

3.   Die Beurteilung der drei Dimensionen

Es wird analysiert, welche Aspekte nach Meinung der Schüler ein selbstorganisiertes Lernen in der Unterrichtspraxis beeinflussen können und ob die Schüler mit einer positiven („sehr gut" bzw. „gut") Einstellung zum selbstorganisierten Lernen geeignet sind, die Lernverantwortung in der Unterrichtspraxis selbst zu übernehmen, die Lerninhalte selbst zu strukturieren und richtig zu beurteilen und anderen Schülern das gelernte Wissen in eigenen Worten zu vermitteln. Andererseits wird in der Studie auch analysiert, ob die Schüler mit einer vorab negativen Einstellung zum selbstorganisierten Lernen Schwierigkeiten haben, in der Gruppe oder allein die Lerninhalte zu erarbeiten und die Aufgabenerfüllung zu gestalten.

Jeder Schüler wird mit Hilfe eines Fragebogens über die Durchführung des selbstorganisierten Lernens im Informatikunterricht befragt. Die Befragung bezieht sich auf drei wichtige Aspekte zur Selbstorganisationskompetenz: Bereitschaft zur Lernverantwortung, Strukturierungskompetenz und die Fähigkeit zur Selbstbeurteilung und Präsentation. Jeder Schüler sollte die drei Dimensionen zur Selbstorganisationskompetenz beurteilen, wie in Tabelle 2 dargestellt.

Item	Befragung/Kriterien (Die Fragen werden z.T. durch die späteren Auswertungen schon beantwortet.)	Die Fähigkeiten
Bereitschaft zur Lernverantwortung	Kannst du mit Hilfe deiner Lehrer eine oder mehrere eigene Projekt-Lernaufgaben zu einem Thema stellen und bearbeiten?	Gestaltung der Projekt-Lernaufgaben
	Ich weiß, wie ich die Projekt-Lernaufgaben nach eigenem Interesse gestalten kann.	
	Kannst du während der Arbeit die Verantwortung selbst übernehmen und aufbauen?	Das Übernehmen und der Aufbau von Verantwortung
		Rechtzeitige Hinweise vom Lehrer
	Wie schätzt du deine Motivation zum Unterricht ein?	Intrinsische Motivation der Schüler
	Kannst du selbst deine benötigten Materialien zum Lernen sammeln, analysieren und auswerten?	Auswahl der Lerninhalte
	Ich kann selbstständig die Lernmaterialien zum Thema auswählen.	
	Ich bin in der Lage, die vorkommenden Probleme zu analysieren und selbstständig zu lösen.	Analyse und Lösung der vorkommenden Probleme
Strukturierungs-kompetenz	Ich kann mit meinen Kommilitonen in Gruppen zusammen arbeiten.	Zusammenarbeit in Gruppen
	Ich kenne mein Lerntempo und konnte mein Lernen darauf abstimmen.	Selbstständige Kontrolle des Lerntempos
	Ich kann dem Unterricht folgen und aktiv daran teilnehmen durch Melden, Fragen beantworten etc.	
Fähigkeit zur Selbstbeurteilung und Präsentation	Ich bin in der Lage, die erarbeiteten Ergebnisse zu präsentieren und weiß, worauf es dabei ankommt.	Präsentation
	Nach der Portfolioarbeit und während der Arbeit kann ich selbst beurteilen, welchen Schritt ich als nächstes mache und wie und was ich weiter lernen sollte.	Selbstbeurteilung

Tabelle 2: Befragung für die Schüler

In der Tabelle 3 ist zusammengestellt (in absteigender Reihenfolge), für wie bedeutend Schüler, die vorab die Bewertungen „sehr gut" und „gut" für ihre Einstellung zum selbstorganisierten Lernen abgaben, die jeweils untersuchte Einzel-Fähigkeit ansahen. Durch die Tabelle kann man deutlich erkennen, welche Fähigkeiten aus der Sicht der Schüler großen Einfluss auf die Einstellung zum selbstorganisierten Lernen haben. Den größten Einfluss (>=50 %) haben die Zusammenarbeit in Gruppen und die Analyse und Lösung der vorkommenden Probleme, während die geringsten Einflüsse (<35 %) von der Selbstbeurteilung, der Gestaltung der Projekt-Lernaufgaben und die rechtzeitigen Hinweise vom Lehrer ausgehen. Das bedeutet aber nicht, dass die Hinweise vom Lehrer beim selbstorganisierten Lernen nicht wichtig sind: Besonders die Schüler, die den Lernprozess nicht selbstständig organisieren oder die Verantwortung nicht übernehmen und aufbauen können, wünschen sich eine frühzeitige und aktive Rückmeldung des Lehrers.

Gruppierung	Die Fähigkeiten	Verteilung der Schüler
>=50 %	Analyse und Lösung der vorkommenden Probleme	55,4 %
	Zusammenarbeit in Gruppen	54,3 %
35-49 %	Auswahl der Lerninhalte	45,7 %
	Verfolgen des Unterrichts und aktive Teilnahme daran	45,6 %
	Selbstständige Kontrolle des Lerntempos	42,4 %
	Intrinsische Motivation der Schüler	41,2 %
	Präsentation	38,5 %
	Das Übernehmen und der Aufbau von Verantwortung	38,1 %
<35 %	Selbstbeurteilung	33,5 %
	Gestaltung der Projekt-Lernaufgaben	28,3 %
	Rechtzeitige Hinweise vom Lehrer	23,9 %

Tabelle 3: Wie viel Prozent der Schüler, die das selbstorganisierte Lernen als „sehr gut" und „gut" beurteilt haben, die oben untersuchten Fähigkeiten auch als gut bewertet haben. (siehe Dissertation S.170)

Außer dem Fragebogen werden Gruppeninterviews mit den Schülern nach der Studie durchgeführt und die Schüler können im Interview ihre eigenen Meinungen frei äußern. Eine Aufreihung wörtlicher Einzelurteile der Schüler zum selbstorganisierten Lernen wird dargestellt und zwar von zwei exemplarischen Schülern kumuliert, von denen Schüler A eher die positiven und Schüler B die kritischeren Bewertungen wiedergibt (siehe Dissertation Anhang D). Schüler A äußert, dass die Schüler eine höhere Motivation erreichen können. Während des Lernens empfinden sie sich nicht nur als „Informationsschwamm" und sie brauchen nicht auswendig zu lernen. Wichtig sind ihm beim selbstorganisierten Lernen drei Dinge: erstens das eigene Ziel und der eigene Plan für jeden Tag, zweitens der Kontakt mit dem Lehrer und die Bestimmung des eigenen Lerntempos und drittens die Teamarbeit und die gemeinsame Sammlung der Lerninhalte.

Der kritischere Schüler B findet die Motivation der Schüler während des Lernens nicht so hoch, weil sie das selbstorganisierte Lernen manchmal sehr langweilig finden, sie sich manchmal aber auch überfordert fühlen. Die Zusammenarbeit ist ihnen einerseits sehr wichtig, andererseits fehlt es ihnen aber an der Fähigkeit oder Bereitschaft, mit ihren

Mitschülern im Team zusammen zu arbeiten. Außerdem sind sie sehr unsicher darin, einzuschätzen, ob alles richtig ist, was man erarbeitet und was wichtig bzw. unwichtig ist.

Fasst man diese Auswertungen zusammen, so wird deutlich, dass die Einschätzung folgender Fähigkeiten die Einstellung zum selbstorganisierten Lernen besonders positiv beeinflusst: Wenn die Schüler

- die Lernverantwortung in der Unterrichtspraxis selbst übernehmen,
- die Lerninhalte selbst strukturieren und richtig beurteilen dürfen und
- anderen Schülern das gelernte Wissen in eigenen Worten vermitteln können.

Im Gegensatz dazu können Schüler mit einer vorab negativen Einstellung zum selbstorganisierten Lernen weder in der Gruppe noch allein die Lerninhalte erarbeiten; darüber hinaus fällt es ihnen dann schwer zu entscheiden, was sie weiter machen sollen.

Zusätzlich werden auch die Meinungen der Lehrer zu Konzept und Durchführung des *selbstorganisierten Lernens* durch persönliche Gespräche ermittelt. Die meisten Lehrer finden, dass die Schüler bei der Erarbeitung zusätzlich motiviert sind, sie gerne beim selbstorganisierten Lernen mit dem Lehrer Kontakt haben und über eigene Gedanken oder Probleme erzählen. Die Lehrer geben den Schülern während des Lernens meistens kein Lösungsmuster, sondern nur Hinweise zum Lösungsweg. Die Selbstdokumentation und die Protokolle (siehe die Dissertation S.128, S.130) helfen einerseits den Schülern, ihren eigenen Lernprozess zu dokumentieren und die Entwicklung des Lernprozesses kennenzulernen. Andererseits sind sie ein Mittel für die Leistungsbeurteilung der teilnehmenden Schüler durch die Lehrer. Nach dem selbstorganisierten Lernen präsentieren die Schüler gerne ihre erarbeiteten Projektergebnisse. Nach Meinung der Lehrer sollen die Schüler beim Lernen folgende Anforderungen erfüllen:

- Sie sollen ihre eigenen Vorkenntnisse zu einem ausgewählten Thema vor dem Lernen erkennen.
- Sie sollen ihren Lernprozess selbst kontrollieren und ihr Lernen strukturieren.
- Sie sollten in der Gruppe mit den Mitschülern zusammen lernen.
- Sie sollen die Zeit selbst organisieren und eigenen Lernzielen folgen.
- Sie sollen beim Lernen selbst, mit dem Lehrer oder zusammen mit den Mitschülern entscheiden, was wichtig bzw. unwichtig ist.
- Sie lernen nicht nur die fachlichen Inhalte der Informatik, sondern auch die Lernmethoden, die für das lebenslange Lernen der Schüler geeignet sind.

4. Fazit und Überblick

In dieser Studie lernen die Schüler im Informatikunterricht, sich selbst Lernziele zu definieren und eigene Projekte zu organisieren, durchzuführen und zu evaluieren. Durch das selbstorganisierte Lernen werden folgende Fähigkeiten in der Studie gefördert: Bereitschaft zur Lernverantwortung, die Lernstrukturkompetenz und die Fähigkeit zur Selbstbeurteilung und Präsentation. Die vorstehend präsentierte Auswertung zeigt, dass das selbstorganisierte Lernen einerseits eine Möglichkeit für eine Berücksichtigung und

Förderung der inneren Differenzierung im Informatikunterricht ist, andererseits bildet es das individuelle Fundament für lebenslanges Lernen und die Fähigkeit, immer wieder Lösungen zu neuen und nicht vorhersehbaren Problemen zu finden und zu entwickeln.

Literaturverzeichnis

[Ba93]   Baitsch, Christof (1993): Was bewegt Organisationen? Selbstorganisation aus psychologischer Perspektive. Frankfurt Main u.a: Campus-Verlag.

[FN04]   Friedrich, Peter; North, Klaus (2004): Kompetenzentwicklung zur Selbstorganisation. In: QUEM-Bulletin (2), S. 3–7.

[GP02]   Gierlinger-Czerny, Elisabeth; Peuerböck, Ulrike (Hg.) (2002): Auf dem Weg zur Selbstorganisation. Eine Ermutigung neue Unterrichtswege zu beschreiten. Münster, Hamburg: LIT Verlag (Didaktik).

[Pe02]   Peuerböck, Ulrike (2002): Zeitfaktor. In: Elisabeth Gierlinger-Czerny und Ulrike Peuerböck (Hg.): Auf dem Weg zur Selbstorganisation. Eine Ermutigung neue Unterrichtswege zu beschreiten. Münster, Hamburg: LIT Verlag (Didaktik), S. 132–140.

[SS07]   Seifried, Jürgen; Sembill, Detlef (2007): Selbstorganisiertes Lernen und Unterrichtsqualität. In: Jürgen van Buer, Wagner und Cornelia (Hg.): Qualität von Schule – Entwicklungen zwischen erweiterter Selbständigkeit, definierten Bildungsstandards und strikter Ergebniskontrolle. Ein kritisches Handbuch. Frankfurt a. M.: Lang, S. 401–412.

[Se92]   Sembill, Detlef (1992): Problemlösefähigkeit, Handlungskompetenz und emotionale Befindlichkeit. Zielgrößen forschenden Lernens. Zugl.: Göttingen, Universität, Habil.-Schr., 1989. Göttingen: Hogrefe (Ergebnisse der pädagogischen Psychologie).

[Se04]   Sembill, Detlef (2004): Prozessanalysen Selbstorganisierten Lernens. Abschlussbericht AZ. Se 573/4-2 an die Deutsche Forschungsgemeinschaft im Rahmen des DFG-Schwerpunktprogramms "Lehr-Lern-Prozesse in der Kaufmännischen Erstausbildung". Forschungsbericht. Gießen: Justus-Liebig-Universität Gießen. Online verfügbar unter http://www.uni-bamberg.de/fileadmin/uni/fakultaeten/sowi_lehrstuehle/wirtschafts paedagogik/Dateien/Forschung/Forschungsprojekte/Prozessanalysen/DFG-Abschlussbericht_sole.pdf, zuletzt geprüft am 09.01.2014.

[Se041] Seifried, Jürgen (2004): Fachdidaktische Variationen in einer selbstorganisationsoffenen Lernumgebung. Eine empirische Untersuchung im Rechnungswesenunterricht. Wiesbaden: Deutscher Universitätsverlag (Wirtschaftswissenschaft). Online verfügbar unter http://dx.doi.org/10.1007/978-3-322-81139-4.

[SS06]   Seifried, Jürgen; Sembill, Detlef (2006): Selbstorganisiertes Lernen als didaktische Lehr-Lern-Konzeption zur Verknüpfung von selbstgesteuertem und kooperativem Lernen. In: Dieter Euler (Hg.): Selbstgesteuertes Lernen in der beruflichen Bildung. Stuttgart: Steiner (Zeitschrift für Berufs- und Wirtschaftspädagogik: Beihefte, 20), S. 93–108.

[Xu14]   Xu, Lin (2014): Die Entwicklung der Selbstorganisationskompetenz durch das portfoliogestützte Unterrichtsmodell zur inneren Differenzierung im Informatikunterricht. Erprobung des Portfoliokonzepts im Informatikunterricht in der beruflichen Ausbildung.

Ein Bilderbuch zur Informatik basierend auf HTML5

Andreas Pfeiffer, Marco Thomas

Arbeitsbereich Didaktik der Informatik
Westfälische Wilhelms-Universität Münster
Fliednerstrasse 21
48149 Münster
a.pfeiffer88@gmail.com
marco.thomas@uni-muenster.de

Abstract: Dieser Artikel beschäftigt sich mit dem Thema „HTML5 als Werkzeug im Informatikunterricht am Beispiel einer Bilderbuch-App". Er erläutert den möglichen Einsatz und Zugang von HTML durch ein selbsterstelltes Framework für eine Bilderbuch-App. Schüler sollen durch Benutzung von HTML auf einfachste Art und Weise Bilderbuchgeschichten in Form einer Web-App erstellen können. Der Artikel erklärt die Funktionsweise des Frameworks und diskutiert den Einsatz und Nutzen der Web-App im Unterricht.

1 Einführung

HTML ist eine Beschreibungssprache und wird im Vergleich zu Programmiersprachen wesentlich seltener in der Schule unterrichtet, und oftmals nur randständig mit Hilfe von sogenannten Baukasten-Editoren behandelt. Dennoch ist HTML das derzeit wichtigste im Internet verwendete Dokumentformat und das verbreitetste Dateiformat der Welt.[1]

Um den Zugang zu HTML zu erleichtern und einen motivierenden Einstieg für Lehrer und Schüler zu bieten, haben wir ein Framework für eine Bilderbuch-App entworfen. Diese basiert auf HTML5 und kann als Web-App in der Schule im Browser und auf einem Smartphone eingesetzt werden. Mit Hilfe des Frameworks können die Schüler eine Bilderbuchgeschichte zu einem frei wählbaren Thema erstellen. Dabei soll das Framework die Komplexität für die Schule reduzieren und den Schülern als Werkzeug dienen, um unter anderem HTML5 näher kennenzulernen.

Im Rahmen einer Masterarbeit ([Pfe14]) wird erstmals untersucht, ob und wie das Framework in der Unterrichtspraxis eingesetzt werden kann und welche Prinzipien aus der Informatik den Schülern durch den Einsatz der App verdeutlicht werden können. Dazu wurden auch einige Experten aus dem Schulbereich in Interviews befragt, denen der aktuelle Prototyp der Web-App vorgestellt wurde. Die vorläufige Auswertung der Interviews soll mit in diesen Artikel einfließen.

---

[1] s. Online Lexikon unter http://www.bergt.de/lexikon/lex/hl.php (2.4.2014)

2 Didaktische Vorüberlegungen und Zielsetzung

Das Framework ist Teil des Projekts „EMMI – Einsatz mobiler Medien im Informatikunterricht" am Arbeitsbereich. Vor Beginn der Entwicklung des Frameworks wurde zunächst der Einsatz von Smartphones im Unterricht kritisch hinterfragt. Ein großer Vorteil ist sicherlich, dass der Einsatz von Smartphones die Schüler motiviert, da nahezu jeder Schüler heutzutage im Besitz eines solchen Handys ist und es im Alltag benutzt. Die Nachteile, welche auch einige Lehrer in den Interviews nannten (s.a. Abschnitt 4), sind, dass diese während des Unterrichts auch für außerunterrichtliche Zwecke missbraucht werden können, und zunächst Verhaltensregeln mit den Schülern vereinbart werden müssen. Außerdem muss eine gewisse Medienkompetenz auf Seiten des Lehrers existieren. Dennoch sind Smartphones eine hervorragende Möglichkeit, um mobile Medien im Informatikunterricht einzusetzen, da sie sehr zeitaktuell und schülermotivierend sind.

Weil das Arbeiten mit einem Smartphone aber deutlich unkomfortabler als mit dem PC ist, da es eher für eine nutzerorientierte Anwendung ausgelegt ist, soll sich der Einsatz in unserem Projekt darauf beschränken, eine App zu gestalten, mit der informatische Inhalte in für Schule reduzierter Komplexität behandelt werden können: zum einen über das Erstellen einer »Informatik-Story«, zum anderen über eine vertiefende „Programmierung" in HTML5. Das Aussehen und Erscheinungsbild der App sollte in den Einstellungen änderbar sein. Zudem soll die App plattformübergreifend einsetzbar sein, das heißt insbesondere auf mobilen Geräten und auf dem PC. Das Arbeiten mit dem Framework soll den Schülern einen spielerischen Einstieg in HTML ermöglichen, und im besten Falle Prinzipien aus der Informatik verdeutlichen.

Durch diese Vorüberlegungen fiel die Entscheidung schnell auf ein Framework für eine Web-App, da eine Web-App auf dem PC und dem Smartphone genutzt werden kann (s. Abschnitt 3). Die Web-App stellt ein elektronisches Bilderbuch von selbst erstellten Geschichten zur Informatik dar. Das Framework soll ein einfaches Einfügen von Texten und Bildern ermöglichen, durch die dann in der App ähnlich wie bei Buchseiten durchgeblättert bzw. navigiert werden kann. Außerdem sollten, wenn möglich, Animationen und Soundausgabe ermöglicht werden. Da der Quellcode für das Framework frei verfügbar ist, können beliebige Funktionalitäten für die App bzw. das Bilderbuch hinzukonzipiert werden.

Vor allem in den Schulen in der Sekundarstufe I, an denen bereits Webseitengestaltung nicht nur mit so genannten Baukasten-Editoren unterrichtet wird, sondern auch mit dem Quellcode gearbeitet wird, sollte eine Web-App von Schülern, die HTML Vorkenntnisse besitzen, ohne größere Hilfe erstellt werden können. Durch die Möglichkeit die App im App-Store zu veröffentlichen und somit anderen zugänglich zu machen, sollen die Schüler motiviert werden ihre eigene Geschichte mit der App zu erstellen. Ergänzend lassen sich Aspekte des Datenschutes aufgrund der Rechtevergabe an eine App diskutieren.

3 Konzeption

3.1 Native Apps vs. Web-Apps

Mobile Apps sind in der Regel so genannte native Apps, die speziell für den Einsatz auf einem bestimmten mobilen Betriebssystem erstellt wurden. Native Apps können schnell und unkompliziert über einen in das Betriebssystem integrierten Onlineshop gekauft und runtergeladen werden. Sie werden danach direkt auf dem tragbaren Gerät installiert. Die native App läuft also nicht im Browser eines Geräts, sondern ist ein eigenständiges Programm.

Einer nativen App gegenüber steht eine Web-App: „Eine Web-App ist eine Webseite, die sich wie ein Programm anfühlt und bedienen lässt" [Fra13, S.23] und wird somit im Browser ausgeführt. Das bedeutet aber, dass sie nicht nur auf dem Rechner, sondern auch auf mobilen Geräten wie dem Smartphone oder Tablet ausführbar ist. Ein Web-App kann nicht nur auf jedem mobilen Betriebssystem (iOS, Android, Symbian…) eingesetzt werden, sondern läuft auch in allen gängigen Browsern am PC (Firefox, Chrome, Internet Explorer, Safari…). Das bedeutet, dass man seine Apps, wenn man sie auf mehreren Betriebssystemen einsetzen möchte, mit Einschränkung nicht noch einmal neu programmieren muss.[2] Zum anderen kann die App ohne großen Aufwand durch kostenlose Tools wie beispielsweise dem Online Service „PhoneGap"[3] in eine native App umgewandelt werden.

Natürlich hat eine Web-App auch Nachteile. „Native Anwendungen können auf alle Hardwarefunktionen zugreifen, inklusive Mikrofon und Kamera. Dies ist über den Webbrowser mit JavaScript aus Sicherheitsgründen nur bedingt möglich." [Fra13, S.25] Auch die Verbreitung und Installation von Apps ist durch das Herunterladen im App-Store und das automatische Erstellen eines Icons auf dem Home-Screen des Handys deutlich nutzerfreundlicher.[4]

Die didaktischen Vorüberlegungen bilden die Grundlage für die Entscheidung eine HTML5 Web-App zu verwenden. Die Vorteile von Web-Apps sind deutlich relevanter für das Projekt, vor allem was die Benutzbarkeit im Browser und auf allen Betriebssystemen angeht. Zudem muss nicht auf spezifische Hardwarefunktionen zugegriffen werden und es bsteht die Möglichkeit eine solche Web-App in eine native App mit Einschränkugen nachträglich umzuwandeln.

3.2. Struktur der Web-App

Eine Web-App besteht in der Regel aus drei Teilen [Mau12, S. 25]. Ein Teil ist die HTML Datei, in der die Seite aufgebaut wird und der Seiteninhalt – beispielsweise der Text – festgelegt wird. Ein weiterer Teil ist die CSS Datei oder Stylesheet, in der das

---

[2] Vergleiche http://www.html-seminar.de/web-app-versus-native-app.htm (2.4.2014)
[3] Siehe https://build.phonegap.com/ (2.4.2014)
[4] Vergleiche dazu http://www.app-entwickler-verzeichnis.de/faq-app-entwicklung/11-definitionen/107-unterschiede-und-vergleich-native-apps-vs-web-apps (2.4.2014)

Aussehen der App bzw. ihre Inhalte formatiert werden. Zu guter Letzt gibt es noch die Javascript Datei, welche Interaktionen in der App ermöglicht und die Inhalte dynamisch aufbauen kann. Theoretisch ist es möglich alle drei Teile in einer HTML Datei zu vereinen, eine Trennung bietet jedoch die Vorteile einer besseren Übersicht für den Benutzer bzw. den Designer. Zudem soll dieser sich, wie unten beschrieben wird, erst einmal nur mit dem HTML Teil beschäftigen.

3.3. Benutzung und Funktionsumfang

Jeder Schüler soll durch den Lehrer einen USB-Stick erhalten, auf dem alle notwendigen Programme inklusive HTML-Editor installiert sind, sodass keine Vorinstallationen von Programmen notwendig sind. Die Dateien für die USB-Sticks sollen vom Projekt bereitgestellt werden und z.B. das Framework, die Dokumentation und Anleitungen zur Benutzung sowie Programme wie den HTML Editor enthalten.

Die Schüler können nun durch Einfügen von HTML Code die Texte und Bilder einer Geschichte einfügen. Dabei stehen ihnen verschiedene Klassen zur Formatierung und Positionierung zur Verfügung. Außerdem können sie auf bestimmte Events, wie etwa einen Mausklick, Animationen einzelner Bildobjekte hinzufügen und diese mit einer Soundausgabe versehen.

Rätselspaß Wie müssen die einzelnen Komponenten des Computers verbunden werden, damit er funktioniert?

Meine Freundin arbeitet mit Computern

Abbildung 1: Beispielbuchseite der Web-App

Bei Bedarf kann der Code, der hinter dem Framework steckt, auch vom Benutzer verändert oder angepasst werden. Durch die Trennung von HTML, CSS und Javascript bleibt der Quellcode ausreichend übersichtlich. Des Weiteren ist jede Funktion im Quellcode kommentiert.

Wenn die Schüler die HTML Datei speichern, können sie die Web-App über eine vorgegebene Adresse im Browser öffnen. Dafür sorgt ein lokaler Webserver, der durch das Freeware Tool XAMPP aufgebaut wird. Der Nutzer muss dazu lediglich ein selbstgeschriebenes Skript ausführen, die ist in der Anleitung beschrieben. Der Aufbau der Web-App wird dabei dynamisch und automatisch erstellt.

Die Web-App verfügt über eine vorgegebene Menüstruktur mit Buttons, Hintergrundbildern und Logos sowie die Möglichkeit durch einzelne Buchseiten zu Navigieren. Außerdem gibt es einen Menüpunkt unter dem die Möglichkeit besteht, die Figuren, die in der Geschichte vorkommen, vorzustellen und zu charakterisieren. Einstellungen wie die Möglichkeit die App zu beenden oder das Layout zu verändern fehlen noch, da sich das Projekt noch in der Prototyp Phase befindet.

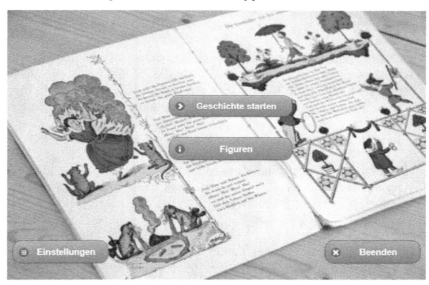

Abbildung 2: Hauptmenü der Bilderbuch-App

4. Evaluation

Um die Web-App zu evaluieren, wurden bereits einige Experteninterviews mit Fachlehrern der Informatik durchgeführt. Die Web-App soll aber auch noch einem Praxistest unterliegen und testweise im Unterricht erprobt werden. Dazu soll die Web-App als Unterrichtseinheit von einem Lehrer unter Beobachtung eingesetzt werden und daraufhin Schüler- sowie Lehrerfeedbacks gesammelt werden.

Für die Interviews wurden den Lehrern das Framework und die Web-App ausführlich vorgestellt und danach durch einen Fragebogen[5] und weitere mündliche Fragen Meinungen, Ideen und Kritik dazu gesammelt. Im Folgenden sollen die vorläufigen Ergebnisse einzelner erster Interviews zusammengefasst werden. Diese Auswertung erhebt keinen Anspruch auf Repräsentativität.

---

[5] Zur Erläuterung und Vorgehensweise bei den Interviews siehe Masterarbeit von Andreas Pfeiffer

Die meisten Lehrer berichteten davon, HTML in der Schule im Rahmen der Webseitengestaltung einzusetzen. Sie sprachen sich auch für einen Einsatz von HTML in der Schule aus, da die Schüler ein sichtbares Produkt ihrer Arbeit erhalten. Kontrovers wurde hingegen der Einsatz von Smartphones in der Schule diskutiert. Während alle Lehrer es positiv fanden, dass der Einsatz sehr motivierend für die Schüler ist, so warnten viele - aufgrund von negativen Erfahrungen - vor dem Missbrauch der Smartphones durch die Schüler. Mobbing war zum Beispiel eines der größten Probleme. Dennoch sprachen sich alle Lehrer eher für einen Einsatz aus.

Alle Lehrer hatten das Thema Web-App bisher noch nicht im Unterricht behandelt. Trotzdem würden alle einen Einsatz der Bilderbuch-App in der Sekundarstufe I befürworten. Den meisten fehlen allerdings ihrem Empfinden nach tiefere Vorkenntnisse bevor sie die Web-App einsetzen würden, ein Lehrer bemängelte die fehlende Funktion, Links zu anderen Seiten einfügen zu können.

Die Lehrer stimmten darin überein, dass die Bilderbuch-App eine hohe Motivation durch das Produkt mit sich bringt. Ein Lehrer lobte die Möglichkeit des dekonstruktiven Ansatzes, um den Schülern HTML näher zu bringen. Ein anderer Lehrer wiederum befürchtete eine Einstiegshürde durch zu wenige Vorkenntnisse beim Schüler. Besonders gut fanden die Lehrer die Möglichkeit auf einfache Weise ein Produkt mit HTML zu erschaffen, ohne einen Baukasten-Editor zu benutzen.

Fast alle Lehrer hatten jedoch keine Idee, welche Prinzipien aus der Informatik man mit Hilfe der App den Schülern erklären könnte. Dies kann zum einem mit der fehlenden Erfahrung der Lehrer mit dem Framework erklärt werden.

Zum anderen hatten die Lehrer eine andere Vorstellung zum Einsatz der Web-App. Die meisten würden die App vorrangig als Präsentationssoftware und als Alternative zu Powerpoint benutzen. Ein Lehrer hatte zum Beispiel vorrangig einen Einsatz außerhalb der Informatik im Sinn, er würde die App in Projekten wie einem Baumtagebuch in der Biologie oder die Erstellung einer App aus der Schulordnung einsetzen. Es gab aber auch einen Lehrer, der die App in einer Unterrichtsreihe zum Thema Netzwerke/Internet/HTML einsetzen würde.

5. Fazit und Ausblick

Die Bilderbuch-App bietet ein großes Potenzial, um sich mit HTML in der Schule zu beschäftigen. Auch der Einsatz von mobilen Medien wie dem Tablet oder das Smartphone bewerten die Lehrer als sehr motivierend für die Schüler.

Ob der Einsatz einer solchen Bilderbuch-App im Unterricht sinnvoll ist und wie er umzusetzen ist, bleibt noch abschließend zu klären. Dies soll in nächster Zeit auch durch den testweisen Einsatz im Unterricht erprobt werden. Dabei wird sich herausstellen auf welche Probleme Schüler und Lehrer stoßen werden und wie die Bilderbuch-App von den Schülern angenommen wird.

Welche Prinzipien aus der Informatik den Schülern durch den Einsatz der Web-App in der Unterrichtspraxis vermittelt werden können, ist noch offen. Denkbar wäre das

Prinzip der Vererbung anhand der vorgegebenen Textformatierungsklassen zu erklären. Ein anderes Beispiel wäre die strukturierte Zerlegung von HTML mittels der Top-Down-Methode. Die Schüler könnten sich das fertige Produkt, die Web-App, anschauen und einzelne Funktionen oder Inhalte durch den Quellcode erschließen.

Die Web-App bietet jedoch viele Einsatzmöglichkeiten und ist durch das Framework leicht durch Funktionen oder Inhalte erweiterbar.

Literaturverzeichnis

[Fra13]   Franke, Florian; Ippen, Johannes: Apps mit HTML5 und CSS3. Für iPhone, iPad und Android. Galileo Press, 2013

[Mau12]   Maurice, Florence: Mobile Webseiten. Strategien, Techniken, Dos und Don'ts für Webentwickler. Hanser Verlag München, 2012

[Pfe14]   Pfeiffer, Andreas „HTML als Werkzeug im Informatikunterricht am Beispiel einer Bilderbuch-App", Masterarbeit, 2014 (in Bearbeitung)